本书的出版得到了全国重点马克思主义学院建设、
上海市高校思政课教指委建设立项资助

教育与传播·"近思"文献读本

丛书主编：肖 巍

传统文化与文化传统

THE TRADITIONAL CULTURE AND CULTURAL TRADITION

郝志景 ——— 编

天津出版传媒集团

天津人民出版社

图书在版编目（ＣＩＰ）数据

传统文化与文化传统 / 郝志景编. -- 天津：天津
人民出版社，2021.1
（马克思主义学院望道书系 / 肖巍主编.教育与传
播·"近思"文献读本）
ISBN 978-7-201-16884-5

Ⅰ.①传… Ⅱ.①郝… Ⅲ.①中华文化—研究 Ⅳ.
①K203

中国版本图书馆 CIP 数据核字(2020)第 246449 号

传统文化与文化传统
CHUANTONG WENHUA YU WENHUA CHUANTONG

出　　版	天津人民出版社	
出 版 人	刘　庆	
地　　址	天津市和平区西康路35号康岳大厦	
邮政编码	300051	
邮购电话	（022）23332469	
电子信箱	reader@tjrmcbs.com	

策划编辑	王　康
责任编辑	王佳欢
特约编辑	郭雨莹
装帧设计	明轩文化·王烨

印　　刷	天津新华印务有限公司
经　　销	新华书店
开　　本	710毫米×1000毫米 1/16
印　　张	13.25
插　　页	2
字　　数	210千字
版次印次	2021年1月第1版　2021年1月第1次印刷
定　　价	78.00元

总　序

中国特色社会主义进入新时代,中国与世界的关系在已发生历史性变化的基础上又面临许多新变化新课题。中国积极推进"四个全面"战略布局,努力为促进世界可持续发展提供新动力新方案,积极推进全球治理体系和治理方式的变革。与此同时,为了保证中国发展坚持正确的方向,国家领导人发表了很有针对性也很有分量的讲话,并论证了新时代意识形态工作的极端重要性。在这些论述的指导和鼓舞下,意识形态领域出现了令人振奋的新气象。但是如何构建反映中国改革开放和现代化潮流、符合中国特色社会主义建设和发展需要的意识形态,仍然是我们要认真对待并积极做好的事情。

在当代中国,社会主义意识形态必须正视若干挑战:

一是由资本主导的现代生产生活方式的挑战。资本是这个世界上最强势的"物化"力量,科学技术的巨大成就所标榜的所谓"价值中立""工具理性"和效用(功利)主义,往往使人们丧失了对为什么要这样做的价值追问。物质日益丰富和技术更新换代、生活标准的提高、消费观念的刷新,极大地改变了人们的生活方式和消费习惯,通过各种手段刺激起来的消费欲望也在吞噬着劳动的快乐,淹没了人的审美情趣和精神向往,导致出现相当普遍的价值迷失现象。

二是数字技术和网络传播方式的挑战。数字技术发展和网络传播方式的增多大大拓展了人们的视野,丰富了人们的精神生活,激活了人们的参与热情，也促使人们对公共话题的思维方式和表达方式发生了很大变化。信息选择多样性和价值取向多元化，在相当程度上冲击了主流意识形态的导向和控制力，弱化了大众尤其是青年人对主流意识形态的认同。网络强大的渗透功能也为各种势力的价值观传播提供了技术条件，"互联网＋"时代意识形态建设和社会主义核心价值观培育践行的难度不可低估。

三是全球化及其"逆袭"带来的外来思想挑战。冷战终结，直接导致人们对于苏联解体大相径庭的认知和解释，反映了价值观层面的严重困惑。在全球化跌宕起伏的过程中，西方价值观凭借着先进技术和话语权优势，通过各种政策主张有所表现而产生了不小的影响，但由于安全、气候、移民、核控等一系列全球治理问题陷入困境，地方性的民族认同和文化认同遭遇前所未有的危机，催生了新型民粹主义、民族主义和激进主义的思想温床，甚至出现了某些极端势力。

四是与我国发展转型改革开放不适应的各种社会思潮挑战。我国社会基本矛盾已经发生变化，发展不平衡不充分问题尤为突出，利益多元化和价值观疏离也已是不争的事实。文化保守主义刻意强调某些与现代化精神格格不入的东西，并把它们当作抑制现代病、克服人心不古的"良药"；历史虚无主义否定历史进程的必然性，否定中国现代化艰难探索和中国革命的伟大意义，否定中国共产党执政的合法性；发展转型还遇到创新能力、改革动力、政策执行力不足的困扰，出现了明里暗里否定改革开放的思潮，以及令人担忧的蔓延之势。

新时代中国特色社会主义致力于解决各种"发展以后的问题"，但相对于经济建设、制度建设作为国家建设的"硬件"比较"实"，文化建设、意识形态建设作为国家建设的"软件"仍然比较"虚"，意识形态建设能否取得实效，就要看其是否既能反映"发展以人民为中心"这个原则，又能用主流意识形态引领各种社会思潮，最大限度地满足人民群众，尤其是青年人的获得感、幸福感、安全感。实现意识形态的"最大公约数"，还要靠我们一起努力。

当代中国的意识形态建设毫无疑问要坚持社会主义方向，同时要体现中国特色，弘扬中国精神，还要拥有时代情怀，开阔全球视野。

这样的意识形态建设是自主的。中国特色社会主义实践蕴涵着丰富的思想内容，包括以人为本、发展优先、社会和谐、国家富强、天下为怀。这些内涵构成了充满自信的"法宝"，并以此增强主旋律思想的生命力、凝聚力、感召力，防止在与各种社会思潮的互动碰撞中随波逐流、进退失据，拥有中国特色社会主义建设者所应具备的思想素质和自信心，为实现中华民族伟大复兴提供值得期待的价值观愿景。

这样的意识形态建设是包容的。在改革开放和社会转型的过程中，各种思想思潮都有其存在的合理性，或将与主流意识形态长期共存，有交流交融也有交锋。我们必须充分了解它们的来龙去脉，以我为主、为我所用，积极加以引导，最大限度地凝聚思想共识，最大限度地发挥各方面的积极性。我们还应遵循"古为今用，洋为中用"的原则，有选择地吸纳、消化古今中外一切优秀成果，服务于意识形态建设这个目标。

这样的意识形态建设是中道的。各种社会思想思潮既有个性，又有共性。有个性，就有比较；有共性，就可以借鉴。这就要求我们在比较借鉴的基础上，取长补短，举一反三，中道取胜，同时警惕极端的、偏激的思想干扰。思想引领既要坚决，又要适度，避免"不及"与"过头"。既不能放弃原则，一味求和，害怕斗争，又不能草木皆兵，反应过度；既保持坚定的思想立场，也讲求对话交流的艺术。

这样的意识形态建设是创新的。与我国协调推进"四个全面"战略布局相适应，宣传思想工作切不能墨守成规，包括理论资源、话语体系、表达方式、传播手段等都要主动求"变"，主动利用现代传播手段，打造主流思想传播的新理念、新形象、新渠道、新载体。这就对在讲好中国故事的同时提供中国方案提出了更高的创新要求，即通过教育引导、舆论宣传、文化熏陶、实践养成、制度保障，使之有机融入意识形态工作的方方面面。

新时代中国特色社会主义的伟大实践正在"给理论创造、学术繁荣提供强大动力和广阔空间"。为此，我们推出这套意识形态建设基本文献读本

（选编），并设定若干主题，包括当代国外经济、社会、政治、文化、科技、生态等理论和方法，以及与意识形态建设有关的领域的思想资源。我们尽量从二战后，特别是冷战终结以来的具有代表性的著述中选取资源，分门别类地加以筛选、整理。希望读者一卷在手，就能够比较便捷地对这些领域的观念沿革、问题聚焦和思想贡献有一个大概的了解。这套读本是复旦大学马克思主义学院学科建设的资助项目，同时也获得了上海市研究生思想政治理论课教学指导委员会的支持。这套丛书不单是关于意识形态建设的文献选编，也可以作为马克思主义理论学科建设、思想政治理论课教学、马克思主义学院研究生培养的参考用书，还可以作为人文社会科学相关学科、专业研究生教学和研究的通识教育读本。

　　是为序。

肖　巍

2019 年秋于复旦大学光华楼

目 录

Contents

三、科玄之争与文化论战

四、如何看待传统文化

选编说明

  "文化"一词,中国古已有之。在中国传统典籍中,"文"有纹理之意,引申之,则是各种象征符号、文物典籍、礼乐制度、文辞文章,进一步推衍,则是美、善等。"文"还可以作为动词,有修饰、人为加工、经纬天地、文德教化之意。"化"有化生、造化、化育之意。两物相接,一方或双方改变形态性质,这就是"化"。"文""化"并用,在战国时期的易传中就已出现。《周易》的《贲卦·象传》曾说:"(刚柔交错),天文也。文明以止,人文也,关乎天文,以察时变;观乎人文,以化成天下。"总之,中国古人在使用"文化"一词时,多指文治教化,将其归入精神文明范畴,与自然相互对应。现代人对"文化"的定义,比古人宽泛。历史学者冯天瑜称:"文化的实质性含义是'人类化',是人类价值观念在社会实践过程中的对象化,是人类创造的文化价值,经由符号这一介质在传播中的实现过程,而这种实现过程包括外在的文化产品的创制和人自身心智的塑造。"[1]

---

  ① 冯天瑜、何晓明、周积明:《中华文化史》,上海人民出版社,1990年,第12、13、26页。

冯氏的定义，没有局限于精神文明范畴，在提到自身心智塑造的同时，也强调外在文化产品的创制。当然，冯氏的定义仅是一家之言。事实上，关于文化的定义，众说纷纭，莫衷一是。人们往往根据研究或论述需要，各取所需。本读本所选各篇文章谈到的"文化"定义，也是这种情况。这是读者在阅读时需要多加注意的！

文化的产生与发展，是一种重要的人类现象，对于一个民族的繁荣兴旺至关重要。马克思主义经典作家、党和国家领导人十分重视文化问题，在这方面有许多著述与论说，对于当代中国的文化建设具有指导作用。而一百多年以来，我国在文化问题上曾有多次论战。其是非得失，到今天也无定论。中国在文化问题上的百年曲折，值得我们深刻反思。在反思中汲取教训，取先贤之长，弃先贤之短，中国文化的未来建设才能开出新猷！

马克思和恩格斯是杰出的思想家，对于文化问题有很多深刻论述。"文化"一词被马克思和恩格斯使用时，有三重含义：一是指人的文化修养，如文化程度、文化素养等。二是指广义文化，包括文明史分期或文明的地域分布，如文化阶段、文化时期、原始文化，以及欧洲文化、希腊文化等。三是指精神文化，如哲学、艺术、宗教等。①马克思和恩格斯二人的文化观，是一个包罗宏丰的理论体系。文化产生发展的原因，广义文化内部生产力、生产关系、上层建筑之间的联系，不同文化史阶段前后演变的动力、原因、条件和规律等问题，他们都有广泛论述。历史唯物主义是他们对文化发展规律的总结。不唯如此，他们还对人类未来的理想文化做了设想。这种文化就是人人自由全面发展的共产主义文化。建成这种文化，需要不断改进社会制度，大力发展生产力，扬弃历史文化，提高人的文化修养。列宁的文化观，继承了马克思和恩格斯的文化理论，同时也融入了他对俄国现实的思考。十九世纪下半叶，俄

---

① 参见张茂泽：《论马克思的文化观》，《理论导刊》，2012年第8期。

国社会剧烈变革,经济、政治和社会体制等不断变化。围绕俄国未来的道路这一问题,思想家们激烈交锋。民粹主义、社会主义、实证主义、马克思主义、宗教唯心主义等各种思潮此起彼伏。在这种大背景下,列宁开始思考俄国的文明程度、文化传统、思想观念、道德、宗教等文化问题。他比较了俄国文化与西欧文化,指出前者的落后。如何革故鼎新,奋起直追?列宁以建构无产阶级文化和社会主义文化为宗旨,既批判资产阶级等一切旧的、没落的文化,又倡导建立无产阶级和苏维埃社会主义的新文化,揭示了文化建设中破与立、继承与创新的辩证关系。

中国共产党人历来重视文化问题。毛泽东、邓小平等历届党和国家领导人对此多有论述。毛泽东运用辩证唯物主义和历史唯物主义世界观考察社会文化现象,提出了一系列基本观点,包括文化和政治、经济的关系,近代中国文化的内容和性质,利用、吸收中国传统文化和外国文化,发展民族的、科学的、大众的文化,文化工作者要为群众服务,繁荣文化要百花齐放、百家争鸣等。毛泽东在革命与文化的互动中思考中国的新型文化。他的文化创新之路,在新民主主义时期经历了农村文化、苏区文化、抗日文化和延安文化四个阶段。中华人民共和国成立后,毛泽东又将很大精力投入文化改造工作。邓小平在新时期领导全党积极推进改革开放和现代化建设,认真总结中国社会主义建设的经验教训,借鉴其他社会主义国家兴衰成败的历史,逐步创立了中国特色社会主义理论。这个理论也包含丰富的文化建设思想,诸如物质文明和精神文明两手都要硬,社会主义文化建设既要继承和发扬民族优良文化传统,也要吸收和借鉴人类一切文明成果,要培养造就一大批优秀的科学家、教育家和文艺家等各种专家,要加强思想政治工作,培养"四有新人"等。这些思想在改革开放和现代化建设实践中不断丰富和深化。毛泽东和邓小平之后,以江泽民、胡锦涛同志为主要代表的中国共产党人又与时俱进,分别提出"三个代表"重要思想和科学发展观。在"三个代表"重要思想的论述中,江泽民把"代表中国先进文化的前进方向"和"代表中国先进生产力的发展要求""代表最广大人民的根本利益"放在同等地位,把文化提到立党、治党、执政的核心理念高度,强调文化要与经济、政治、政党、时代、创新相结合,饱含深厚的文化使命感。在科学发展观的系列论述中,胡锦涛强调要"以人为本",发展的本质是人的全面发展。围绕这一目的,科学发展观对中国特色社会主义文化发展的地位和作用、动力和思路、战略和保障、领导力量和依靠力量等一系列重大问题做了解答。

党的十八大以来,以习近平同志为核心的党中央,又对文化问题提出了新的要求。习近平提出"五位一体"的现代化事业总体布局,文化建设是其中的重要一项。通过文化建设,可以提高全民族的文化素质和文化意识,激发全民族的文化活力、文化创造力和想象力,焕发全民族的文化激情,从而推动中华民族的伟大复兴。在习近平总书记关于文化方面的重要论述中,文化建设已被提到文化立国、文化强国的战略高度。习近平的文化战略意识,源于其对世情、国情的深刻把握。在全球化、信息化时代,世界战略格局开始重组,各国的竞争愈发激烈。在综合国力竞争中,文化的作用日益凸显,文化软实力备受世界各国的重视。中国如何在文化转型的时代保持自主?如何在世界格局重构中确立自己的位置?处理这些问题,都不能绕过文化软实力建设。从国内来看,中国经过四十多年的改革开放和高速发展,已经走到近代一百多年以来的历史最高点。面对世界格局的多变、多元价值观的冲击、转型的阵痛,唯有树立文化自信,才能更好地践行社会主义核心价值观,否则国家的文化软实力就无从谈起。

习近平总书记关于文化方面的重要论述,既着眼于宏观层面的国家富强,也着眼于微观层面的个体幸福。习近平曾说:"文化即'人化',文化事业即养人心志、育人情操的事业。人,本质上就是文化的人,而不是'物化'的人;是能动的、全面的人,而不是僵化的、'单向度'的人。人类不仅追求物质条件、经济指标,还要追求'幸福指数';不仅追求自然生态的和谐,还要追求'精神生态'的和谐;不仅追求效率和公平,还要追求人际关系的和谐与精神生活的充实,追求生命的意义。"①这种新的文化观,强调发展不单是经济发展,更应是文化发展,其本质是以人为本。

如何推进文化建设?习近平十分重视中华传统文化的现代意义。对于传统文化要去粗取精、去伪存真,坚持古为今用、推陈出新,实现创造性转化和创新性发展。习近平强调,要使中华民族最基本的文化基因与当代文化相适应、与现代社会相协调,以人们喜闻乐见、具有广泛参与性的方式推广开来,把跨越时空、超越国度、富有永恒魅力、具有当代价值的文化精神弘扬起来,把继承优秀传统文化又弘扬时代精神、立足本国又面向世界的当代中国文化创新成果传播出去。系统梳理传统文化资源,让收藏在禁宫里的文物、陈列在广阔大地上的遗产、书写在古籍里的文字都活起来。②中共中央办公厅、国务院办公厅印发的《关于实施中华优秀传统文化传承发展工程的意见》,是对习近平这些思想的具体化。

总之,文化的发展繁荣,是民族复兴的重要组成部分,支持、推动着中华民族复兴的历史进程。习近平总书记关于文化方面的重要论述,根植于中华文化的深厚沃土,既上承马克思主义经典作家和历代党和国家领导人的文化思想,又立足于中国特色社会主义的当代实践,借鉴世界文明的有益成果,为民族复兴注入了新的内涵。

文化对民族复兴是如此重要,以至于从十九世纪末至二十世纪上半叶,我国思想界围绕文化问题曾有多次论战。众多精英人物各抒己见,为后人思考文化问题留下了丰厚遗产。关于文化问题的争论,戊戌变法时期已经存在。张之洞在《劝学篇》中提出的"中学为体,西学为用",在这一时期影响很大。"中学为体",是强调以中国纲常名教为立国之本,不可动摇;"西学为用",是

---

① 习近平:《之江新语》,浙江人民出版社,2007年,第150页。
② 参见《建设社会主义文化强国　着力提高国家文化软实力》,《人民日报》,2014年1月2日。

主张使用西方近代科学技术,效仿西方教育、赋税、武备、律例等方面的一些具体措施,举办洋务新政,以挽回清朝江河日下的颓势。中体西用思想对于冲破顽固派阻挠,引进西方自然科学,促进中国新式工业、军事和教育的产生曾有积极作用。但"中体西用"能否作为一种文化整合方案?严复曾经批评张之洞之论,认为中学有中学之体用,西学有西学之体用,体用岂能分离?可见关于中国文化的走向,当时的人远远没有达成共识。

关于中国文化的争论,在二十世纪初期掀起滔天巨浪,形成一场影响巨大的新文化运动。新文化运动的发轫,可以追溯到晚清时期。甲午战争和庚子事变之后,国势杌陧不安,民族危机重重。传统文化和政治制度能否应对这些问题?中国人对此强烈怀疑。激进者要求打倒之,保守者也要改良之。在晚清最后十年中,中国派出很多青少年前往日本或欧美留学,如蔡元培、陈独秀、鲁迅、胡适等。他们接受了各类西方现代思想。清朝灭亡之后,人们满怀期待,希望国家气象焕然一新,孰料时不旋踵,袁世凯又逆历史潮流而动,开始复辟帝制。袁世凯去世之后,张勋又起而复辟。两次复辟均以失败告终,而国家又陷入军阀混战局面。为什么会出现这种局面?人们开始从文化上寻找原因。新文化的倡导者们认定,孔子所提倡的是"封建时代之道德、礼教、生活、政治",与"建设西洋式的新国家"的目标不相适应。为了提倡民主和科学,必须批判孔学,"儒教不革命、儒学不转轮,吾国遂无新思想、新学说,何以造新国民?悠悠万事,惟此为大!"①陈独秀更认定:"现在袁世凯虽然死了,袁世凯所利用的倾向君主专制的旧思想依然如故。要帝制不再发生,民主共和可以安稳,我看比登天还难!如今要巩固共和,非先将国民脑子里所有反对共和的旧思想,一一洗刷干净不可。因为民主共和的国家组织、社会制度、伦理观念,和君主专制的国家组织、社会制度、伦理观念全然相反"②,"妄欲建设西洋式之新国家,组织西洋式之新社会,以求适今世之生存,则根本问题,不可不首

---

① 吴虞:《儒家主张阶级制度之害》,《新青年》,1917年第3卷第4号。
② 陈独秀:《旧思想与国体问题》,《新青年》,1917年第3卷第3号。

先输入西洋式社会国家之基础,所谓平等人权之新信仰,对于与此新社会、新国家、新信仰不可相容之孔教,不可不有彻底之觉悟,猛勇之决心,否则不塞不流,不止不行!"①新文化运动的很多健将,都像陈独秀一样,具有激烈的反传统思想。

这种激烈的反传统思想,也遭到许多学者的反对。当时批评新文化运动的一个著名群体,就是"学衡派",包括梅光迪、吴宓、刘伯明、胡先骕、柳诒徵、缪凤林等人。吴宓认为:"今新文化运动,于中西文化所必当推为精华者,皆排斥而轻鄙之,但采一派一家之说,一时一类之文,以风靡一世,教导全国,不能自解,但以新称,此外则皆加以陈旧二字,一笔抹杀。吾不敢谓主持此运动者,立意为是。"②梅光迪批评新文化运动盲目"欧化":"吾国近年以来,崇拜欧化,智识精神上,已唯欧西马首是瞻,甘处于被征服地位。欧化之威权魔力,深印入国人脑中。故凡为'西洋货',不问其良否,即可'畅销'。然欧化之真髓,以有文字与国情民性之隔膜,实无能知者,于是作伪者乃易售其术矣。国人……对于本国一切,顿生轻忽厌恶之心,故诋毁吾国固有一切,乃时髦举动,为戈名邀利之捷径。"③柳诒徵对否定孔子之论大不为然:"今人论中国近世腐败之病源,多归咎于孔子","误以为反对孔子为革新中国之要途,一若焚经籍,毁孔庙,则中国即可勃然兴起,与列强并驱争先者","中国近世之病根,在满清之旗人,在鸦片之病夫,在污秽之官吏,在无赖之军人,在托名革命之盗贼,在附会民治之名流政客,以迨地痞流氓,而此诸人故皆不奉孔子之教。""中国最大之病根,非奉行孔子之教,实在不行孔子之教。"④新文化运动的倡导者和批评者针锋相对,展开多次论战。在历次论战中,倡导者渐占上风,新文化运动蔚成潮流。然而百年以往,我们重新回顾这些论战,发现新文化倡导者的很多论点存在不足,而"学衡派"的看法则多有合理

① 陈独秀:《宪法与孔教》,《新青年》,1916年第2卷第3号。
② 吴宓:《评新文化运动》,《学衡》,1924年第4期。
③ 梅光迪:《评今人提倡学术之方法》,《学衡》,1922年第2期。
④ 柳诒徵:《论中国近世之病源》,《学衡》,1922年第3期。

之处，值得我们深思。

新文化运动的争论尚未尘埃落定，中国思想界又在二十世纪二十年代掀起科学与玄学论战。科玄论战的一个重要背景，就是第一次世界大战。战后欧洲一片残破，人心迷茫无定。1918年，梁启超赴欧考察，亲眼看见欧洲的破败荒凉，深受震动，归来写成《欧游心影录》一书。梁氏在该书中提出科学破产，与西方文化相比，中国文化自有过人之处，我们要发扬光大。梁氏重估西方文明和中国儒学，在思想界引起强烈震动，为日后科玄论战埋下了伏笔。随梁氏一起赴欧考察的张君劢和丁文江，分别成为玄学派和科学派的主要代表。张君劢于1923年2月发表《人生观》演讲，强调科学与人生观不同，科学受因果律支配，人生观则为自由意志所支配，科学不能支配人生观。丁文江随后发文批评张君劢，主张科学万能，科学方法普遍适用，科学可以支配人生观。随后，梁启超、胡适等人也纷纷发表文章，参与论战。科玄论战的争论焦点是科学能否支配人生观。在当时人看来，西方文化以科学见长，中国文化则以人生哲学见长。争论科学能否支配人生观，归根到底还是争论如何看待西方文化与中国文化。所以，科玄之争其实是五四时期中西文化论战的继续和深化。

1949年之后，文化问题依然困扰着国人，使国人的探索一波三折。毛泽东深受新文化运动的影响，在新中国成立之后高度重视文化问题。1966年，"文化大革命"爆发，号召"破四旧、立四新"，以批孔扬秦、反儒尊法为旗号，破除"旧思想、旧文化、旧风俗、旧习惯"，代之以无产阶级的新思想、新文化、新风俗、新习惯。[1]"文化大革命"的一系列误判，在文化问题上也留下了惨痛教训。

改革开放之后，中国思想界重新活跃起来。关于文化问题的论战，在二

---

[1]　参见《中国共产党中央委员会关于无产阶级文化大革命的决定》，《人民日报》，1966年8月13日。

十世纪八十年代又形成一个高潮。这次论战与思想解放运动密切相关。在思想解放运动中，人们清理"左"倾错误，追问为什么会产生"文化大革命"和个人崇拜？这与传统文化有无关系？这些问题促使人们重新审视传统文化。与此同时，随着改革开放的实施，国外文化涌入国门。在理论上，存在主义、人道主义、精神分析学说和系统论、信息论、控制论等学说相继引入，产生了巨大影响。知识界几乎言必称萨特、尼采、弗洛伊德等。围绕人生观、人道主义等问题，思想界互相辩难，热烈讨论。在世俗文化上，国门打开之后，人们欣羡国外的生活方式，群起模仿。面对异质文化的潮涌而入，国人在目迷五色之际，也开始深入思考：怎样评价西方文化？怎样评价中国文化？两者是何关系？中国文化向何处去？

围绕这些问题，八十年代思想界影响广大的几种代表性观点是："儒学复兴"论、"全盘西化"论、"西体中用"论、"河东河西"论、"综合创造"论等。"儒学复兴"论者以杜维明为代表。他在八十年代中期提出儒学第三期发展的观点。围绕现代新儒家与新儒学的概念、发展阶段及其代表人物、儒学第三期发展、儒家资本主义、是否在中国大陆复兴儒学等问题，学者们纷纷发言。"全盘西化"论者以《河殇》的撰稿人苏晓康和王鲁湘等人为代表。他们反思批判中华传统的黄土文明，向往西方的蓝色文明。"全盘西化"论在八十年代轰动一时，引来很多批评。"西体中用"论者以李泽厚为代表。1980年，黎澍提出应把"中学为体，西学为用"的观念颠倒过来，改为"西学为体，中学为用"。此后，李泽厚借此来表达自己的文化主张，并在论战中不断阐发。"河东河西"论者以季羡林为代表。他提出"三十年河东，三十年河西"，西方文化已到尽头，二十一世纪是中国文化的世纪。"综合创造"论者以张岱年为代表。他认为国人应该"抛弃中西对立、体用二元的僵固思维模式，排除盲目的华夏中心论与欧洲中心论的干扰，在马克思主义普遍原理的指导下和社会主义原则的基础上，以开放的胸襟、兼容的态度，对古今中外的文化系统的组成要素和结构形式进行科学的分析和审慎的筛选。根据中国社会主义现代化建设的实际需要，发扬民族的主体意识，经过辩证的综合，创造出一种既有民族特色又充分体现时代精神的高度发达的社会主义新中国文化"①。显而易见，八十年代文化争论的问题，和新文化运动的议题多有交叉之处。所以关于新文化运动的评价与反思，也是八十年代文化论战的内容之一。围绕五四运动与全盘反传统、五四运动与激进主义、救亡与启蒙的关系、五四文学启蒙精神是否曾经"失落"、五四启蒙是不是一场"悲剧"等问题，学术界辩论激烈，成果丰硕。比之五四时期，八十年代文化争论的广度与深度多有突破。如对传统学、现代化理论、公共空间与市民社会的研究，五四时期少有涉及，而八十年代则研究很多。对于中国文化的未来走向，人们也慢慢摆脱体用二元模式。此外，八十年代的讨论引入了系统论等自然科学方法，也非五四时期所能及。②

九十年代以来，中国市场化改革狂飙突进，学界风气丕变。哲学家李泽厚以"思想家淡出，学问家凸显"一语概括这种变化。越来越多的学者将"为学问而学问"作为治学宗旨，注重从微观层面探讨具体问题，对于中国文化的走向这种宏大问题，已无八十年代的讨论热情。九十年代文化教育界影响较大的一次争论是人文精神大讨论。一些学者有感于市场经济之下，举世滔滔皆是消费主义，人文精神衰落不振，故而发起讨论，表达忧思。他们认为：当时的中国文化深陷危机。文化人的人格萎缩，批判精神消失，艺术乃至生活趣味粗劣，思维方式简单机械，文学艺术的创造力和想象力匮乏。之所以如此，乃是文化人丧失了对个人、人类和世界存在意义的把握。这种恶化与中国整个现代的历史过程密切相关。冰冻三尺，非一日之寒。故而走出困境，也不可能一蹴而就，而是需要长期努力。而长期努力的第一步，就是当代人起而弘扬"人文精神"。③人文精神大讨论招致不少批评。一种批评认为中国各个方面都在转型，已经逐步进入后现代社会，此时集中提倡一种精神倾向，违背文化多元性原则，有文化专制之虞。另一种批评则认为人文精神讨论过于宽泛，缺乏具体制度方面的思考，应将制度问题和人文精神问题结合

① 张岱年、陈宜山：《中国文化与文化论争》，中国人民大学出版社，1990年，第399页。
② 参见郭双林：《八十年代以来的文化争论》，百花洲文艺出版社，2004年，第3~16页。
③ 参见王晓明：《人文精神讨论十年祭》，《上海交通大学学报》(哲学社会科学版)，2004年第1期。

起来探讨。①讨论人文精神,不能不涉及传统文化,因为中国传统文化的一个鲜明特征就是人文精神。如何通过传统文化来重振人文精神,也成为二十世纪九十年代以来学术思想界的关注热点。

　　统观马列主义经典作家、党和国家历代领导人以及学术思想界对于文化问题的论述,可以看出他们都面临两大问题,即在前所未遇的新环境中重建文化时,如何处理"古与今""中与外"的关系。②文化的"古今之辩",在中国史有先例。战国时期,各国竞相变法图强。在变法过程中,便有"师古"与"师今"之争。儒家主张"法古",同时兼顾因革;法家则主张变古趋时。先秦时期贤哲对因与革、常与变的哲学思考,影响深远。在中古和近古时期,每当产生"古今之辩"时,人们都会援引先秦之论。进入近代以后,"古今之辩"益发尖锐。因为中国在近代的变化全面而深远,从物质生产到精神生产,从生产方式到生活方式以至思维方式,全都开始除旧布新。梁启超曾说:"中国自数千年来,常立于一定不易之域,寸地不进,跬步不移,未尝知过渡之为何状也。虽然为五大洋惊涛骇浪之所冲击,为十九世纪狂飙飞沙之所驱突,于是穷古以来,祖宗遗传深顽厚锢之根据地,遂渐渐摧落失陷,而全国民族亦遂不得不经营惨淡,跋涉苦辛,相率而就于过渡之道。"③很多人都像梁启超一样,深刻感受到这种变化的范围之广、幅度之大。变化是大势所趋,面对时代大潮,故步自封者愈来愈少,应机求变者愈来愈多。在变化过程中,如何处理"古"与"今"的关系,成为国人首先需要面对的问题。

　　文化的"中外之辩"也是古已有之,当时称为"华夷之辨",不过近代的"中外之辩"与"华夷之辨"大异其趣。古代华夏汉人即使在军事上败于"夷狄",其

---

　　① 参见关昕:《"人文精神"大讨论:迷茫中发出的第一声》,《时代教育(先锋国家历史)》,2007年第22期。
　　② 参见冯天瑜、何晓明、周积明著:《中华文化史》,上海人民出版社,1990年,第1161~1165页。
　　③ 梁启超:《过渡时代》,《清议报》,1901年第82期。

文化上的优胜地位也从未动摇。故"华夷之辨"未给华夏汉人带来真正的文化危机。近代的"中外之辩"则不然。"资产阶级,由于开拓了世界市场,使一切国家的生产和消费都成为世界性的了。……过去那种地方的和民族的自给自足的闭关自守状态,被各民族的各方面的互相往来和各方的互相依赖所代替了。物质的生产是如此,精神的生产也是如此。各民族的精神产品成了公共的财产。民族的片面性和局限性日益成为不可能"①此时,中华文化受到外来工业文明的挑战,原来的优胜地位严重动摇,以至于在二十世纪三十年代和八十年代,中国学术思想界一再出现"全盘西化"论。虽然大多数学者并不赞同这一观点,可是面对西方文化,如何处理"中"与"外"的关系,确实成为一个难以回避的问题。

关于这两大问题,国人探索争论了一百多年。而一百多年后的今天,中国的综合国力已经跃居世界前列。与先哲相比,当代国人理应以更平和的心态去思考文化问题。1997年,费孝通在北大百年校庆时曾写道:"在中国面向世界,要世界充分认识我们中国人的真实面貌,我们首先要认识自己,才能谈得到让人家认识我们和我们认识人家。科学地相互认识是人们建立和平共处的起点。人文学科就是以认识文化传统及其演变为目的,也就是我常说的'文化自觉'。在文化传统上说,世界没有一个民族有我们中华文化那么长久和丰富。我们中国人有责任用现代科学方法去完成我们'文化自觉'的使命,继往开来地努力创造现代的中华文化,为人类的明天做出贡献。"后来他又进一步解释说:"文化自觉,意思是指生活在一定文化中的人对其文化有'自知之明'的意思。不是要'复归',同时也不是主张'全盘西化'或'全盘他化'。自知之明是为了加强对文化转型的自主能力,取得决定适应新环境、新时代的文化选择的自主地位。"②费孝通以"各美其美,美人之美,美美与共,天下大同"十六个字概括文化自觉的要义。这也许应该成为当今国人思考文

　　①　《马克思恩格斯文集》(第二卷),人民出版社,2009年,第35页。
　　②　苏国勋:《社会学与文化自觉——学习费孝通"文化自觉"概念的一些体会》,《社会学研究》,2006年第2期。

亿问题的基本心态。带着这种心态,重读马列主义经典作家、党和国家历代领导人以及近百年来学术思想界对于文化问题的种种论述,无疑会使我们获得更深入的思考!

一

经典作家及中央文件有关论述

1.马克思：
德意志意识形态

统治阶级的思想在每一时代都是占统治地位的思想。这就是说，一个阶级是社会上占统治地位的物质力量，同时也是社会上占统治地位的精神力量。支配着物质生产资料的阶级，同时也支配着精神生产资料，因此，那些没有精神生产资料的人的思想，一般地是隶属于这个阶级的。占统治地位的思想不过是占统治地位的物质关系在观念上的表现，不过是以思想的形式表现出来的占统治地位的物质关系；因而，这就是那些使某一个阶级成为统治阶级的关系在观念上的表现，因而这也就是这个阶级的统治的思想。此外，构成统治阶级的各个个人也都具有意识，因而他们也会思维；既然他们作为一个阶级进行统治，并且决定着某一历史时代的整个面貌，那么，不言而喻，他们在这个历史时代的一切领域中也会这样做，就是说，他们还作为思维着的人，作为思想的生产者进行统治，他们调节着自己时代的思想的生产和分配，而这就意味着他们的思想是一个时代的占统治地位的思想。例如，在某一国家的某个时期，王权、贵族和资产阶级为夺取统治而争斗，因而，在那里统治是分享的，那里占统治地位的思想就会是关于分权的学说，于是分权就被宣布为"永恒的规律"。

我们在上面已经说明分工是迄今为止历史的主要力量之一，现在，分工也以精神劳动和物质劳动的分工的形式在统治阶级中间表现出来，因此在这个阶级内部，一部分人是作为该阶级的思想家出现的，他们是这一阶级的积极的、有概括能力的意识形态家,他们把编造这一阶级关于自身的幻想当做主要的谋生之道,而另一些人对于这些思想和幻想则采取比较消极的态度,并且准备接受这些思想和幻想,因为在实际中他们是这个阶级的积极成员,并且很少有时间来编造关于自身的幻想和思想。在这一阶级内部,这种分裂甚至可以发展成为这两部分人之间的某种程度的对立和敌视,但是一旦发生任何实际冲突,即当这一阶级本身受到威胁的时候,当占统治地位的思想好像不是统治阶级的思想而且这种思想好像拥有与这一阶级的权力不同的权力这种假象也趋于消失的时候,这种对立和敌视便会自行消失。一定时代的革命思想的存在是以革命阶级的存在为前提的,关于这个革命阶级的前提所必须讲的,在前面已经讲过了。

然而,在考察历史进程时,如果把统治阶级的思想和统治阶级本身分割开来,使这些思想独立化,如果不顾生产这些思想的条件和它们的生产者而硬说该时代占统治地位的是这些或那些思想,也就是说,如果完全不考虑这些思想的基础——个人和历史环境,那就可以这样说:例如,在贵族统治时期占统治地位的概念是荣誉、忠诚,等等,而在资产阶级统治时期占统治地位的概念则是自由、平等,等等。一般说来,统治阶级总是自己为自己编造出诸如此类的幻想。所有的历史编纂学家,主要是 18 世纪以来的历史编纂学家所共有的这种历史观,必然会碰到这样一种现象:占统治地位的将是越来越抽象的思想,即越来越具有普遍性形式的思想。因为每一个企图取代旧统治阶级的新阶级,为了达到自己的目的不得不把自己的利益说成是社会全体成员的共同利益,就是说,这在观念上的表达就是:赋予自己的思想以普遍性的形式,把它们描绘成唯一合乎理性的、有普遍意义的思想。进行革命的阶级,仅就它对抗另一个阶级而言,从一开始就不是作为一个阶级,而是作为全社会的代表出现的,它以社会全体群众的姿态反对唯一的统治阶级。它之所以能这样做,是因为它的利益在开始时的确同其余一切非统治阶级的共同利益还有更多的联系,在当时存在的那些关系的压力下还不能够发展为特殊阶级的特殊利益。因此,这一阶级的胜利对于其他未能争得统治地位的阶级中的许多个人来说也是有利的，但这只是就这种胜利使这些个人现在有可能升入统治阶级而言。当法国资产阶级推翻了贵族的统治之后，它使许多无产者有可能升到无产阶级之上，但是只有当他们变成资产者的时候才达到这一点。由此可见，每一个新阶级赖以实现自己统治的基础，总比它以前的统治阶级所依赖的基础要宽广一些；可是后来，非统治阶级和正在进行统治的阶级之间的对立也发展得更尖锐和更深刻。这两种情况使得非统治阶级反对新统治阶级的斗争在否定旧社会制度方面，又要比过去一切争得统治的阶级所作的斗争更加坚决、更加彻底。

只要阶级的统治完全不再是社会制度的形式，也就是说，只要不再有必要把特殊利益说成是普遍利益，或者把"普遍的东西"说成是占统治地位的东西，那么，一定阶级的统治似乎只是某种思想的统治这整个假象当然就会自行消失。

把占统治地位的思想同进行统治的个人分割开来，主要是同生产方式的一定阶段所产生的各种关系分割开来，并由此得出结论说，历史上始终是思想占统治地位，这样一来，就很容易从这些不同的思想中抽象出"思想"、观念等等，并把它们当做历史上占统治地位的东西，从而把所有这些个别的思想和概念说成是历史上发展着的概念的"自我规定"。在这种情况下，从人的概念、想象中的人、人的本质、人中能引申出人们的一切关系，也就很自然了。思辨哲学就是这样做的。黑格尔本人在《历史哲学》的结尾承认，他"所考察的仅仅是概念的前进运动"，他在历史方面描述了"真正的神正论"。这样一来，就可以重新回复到"概念"的生产者，回复到理论家、意识形态家和哲学家，并得出结论说：哲学家、思维着的人本身自古以来就是在历史上占统治地位的。这个结论，如我们所看到的，早就由黑格尔表述过了。这样，证明精神在历史上的最高统治（施蒂纳的教阶制）的全部戏法，可以归结为以下三个手段：

第一，必须把进行统治的个人——而且是由于种种经验的原因、在经验的条件下和作为物质的个人进行统治的个人——的思想同这些进行统治的个人本身分割开来,从而承认思想或幻想在历史上的统治。

第二,必须使这种思想统治具有某种秩序,必须证明,在一个个相继出现的占统治地位的思想之间存在着某种神秘的联系,而要做到这一点,就得把这些思想看做是"概念的自我规定"(所以能这样做,是因为这些思想凭借自己的经验的基础,彼此确实是联系在一起的,还因为它们被仅仅当做思想来看待,因而就变成自我差别,变成由思维产生的差别)。

第三,为了消除这种"自我规定着的概念"的神秘外观,便把它变成某种人物——"自我意识";或者,为了表明自己是真正的唯物主义者,又把它变成在历史上代表着"概念"的许多人物——"思维着的人"、"哲学家"、意识形态家,而这些人又被看做是历史的制造者、"监护人会议"、统治者。这样一来,就把一切唯物主义的因素从历史上消除了,就可以任凭自己的思辨之马自由奔驰了。

要说明这种曾经在德国占统治地位的历史方法,以及说明它为什么主要在德国占统治地位的原因,就必须从它与一切意识形态家的幻想,例如,与法学家、政治家(包括实际的国务活动家)的幻想的联系出发,必须从这些家伙的独断的玄想和曲解出发。而从他们的实际生活状况、他们的职业和分工出发,是很容易说明这些幻想、玄想和曲解的。

摘自《马克思恩格斯文集》(第一卷),人民出版社,2009年,第550~554页。

2.恩格斯：
致约瑟夫·布洛赫

根据唯物史观，历史过程中的决定性因素归根到底是现实生活的生产和再生产。无论马克思或我都从来没有肯定过比这更多的东西。如果有人在这里加以歪曲，说经济因素是唯一决定性的因素，那么他就是把这个命题变成毫无内容的、抽象的、荒诞无稽的空话。经济状况是基础，但是对历史斗争的进程发生影响并且在许多情况下主要是决定着这一斗争的形式的，还有上层建筑的各种因素：阶级斗争的各种政治形式及其成果——由胜利了的阶级在获胜以后确立的宪法等等，各种法的形式以及所有这些实际斗争在参加者头脑中的反映，政治的、法律的和哲学的理论，宗教的观点以及它们向教义体系的进一步发展。这里表现出这一切因素间的相互作用，而在这种相互作用中归根到底是经济运动作为必然的东西通过无穷无尽的偶然事件（即这样一些事物和事变，它们的内部联系是如此疏远或者是如此难于确定，以致我们可以认为这种联系并不存在，忘掉这种联系）向前发展。否则把理论应用于任何历史时期，就会比解一个简单的一次方程式更容易了。

我们自己创造着我们的历史，但是第一，我们是在十分确定的前提和条件下创造的。其中经济的前提和条件归根到底是决定性的。但是政治等等的前提和条件，甚至那些萦回于人们头脑中的传统，也起着一定的作用，虽然不是决定性的作用。普鲁士国家也是由于历史的、归根到底是经济的原因而产生出来和发展起来的。但是，恐怕只有书呆子才会断定，在北德意志的许多小邦中，勃兰登堡成为一个体现了北部和南部之间的经济差异、语言差异，而自宗教改革以来也体现了宗教差异的强国，这只是由经济的必然性决定的，而不是也由其他因素所决定的（在这里首先起作用的是这样一个情况：勃兰登堡由于掌握了普鲁士而卷入了波兰事件，并因而卷入了国际政治关系，这种关系在奥地利王室权力的形成过程中也起过决定性的作用）。要从经济上说明每一个德意志小邦的过去和现在的存在，或者要从经济上说明那种把苏台德山脉至陶努斯山所形成的地理划分扩大成为贯穿全德意志的真正裂痕的高地德语音变的起源，那么，很难不闹出笑话来。

但是第二，历史是这样创造的：最终的结果总是从许多单个的意志的相互冲突中产生出来的，而其中每一个意志，又是由于许多特殊的生活条件，才成为它所成为的那样。这样就有无数互相交错的力量，有无数个力的平行四边形，由此就产生出一个合力，即历史结果，而这个结果又可以看做一个作为整体的、不自觉地和不自主地起着作用的力量的产物。因为任何一个人的愿望都会受到任何另一个人的妨碍，而最后出现的结果就是谁都没有希望过的事物。所以到目前为止的历史总是像一种自然过程一样地进行，而且实质上也是服从于同一运动规律的。但是，各个人的意志——其中的每一个都希望得到他的体质和外部的、归根到底是经济的情况（或是他个人的，或是一般社会性的）使他向往的东西——虽然都达不到自己的愿望，而是融合为一个总的平均数，一个总的合力，然而从这一事实中决不应作出结论说，这些意志等于零。相反，每个意志都对合力有所贡献，因而是包括在这个合力里面的。

另外，我请您根据原著来研究这个理论，而不要根据第二手的材料来进行研究——这的确要容易得多。在马克思所写的文章中，几乎没有一篇不是贯穿着这个理论的。特别是《路易·波拿巴的雾月十八日》，这本书是运用这个理论的十分出色的例子。《资本论》中的许多提示也是这样。再者，我也可以向您指出我的《欧根·杜林先生在科学中实行的变革》和《路德维希·费尔巴哈和德国古典哲学的终结》，我在这两部书里对历史唯物主义作了就我所知是目前最为详尽的阐述。

　　青年们有时过分看重经济方面,这有一部分是马克思和我应当负责的。我们在反驳我们的论敌时,常常不得不强调被他们否认的主要原则,并且不是始终都有时间、地点和机会来给其他参与相互作用的因素以应有的重视。但是,只要问题一关系到描述某个历史时期,即关系到实际的应用,那情况就不同了,这里就不容许有任何错误了。可惜人们往往以为,只要掌握了主要原理——而且还并不总是掌握得正确,那就算已经充分地理解了新理论并且立刻就能够应用它了。在这方面,我不能不责备许多最新的“马克思主义者”,他们也的确造成过惊人的混乱……

　　摘自《马克思恩格斯文集》(第十卷),人民出版社,2009年,第591~594页。

3.列宁：
我们拒绝什么遗产？

启蒙者相信当前的社会发展，因为他们看不见它所固有的矛盾。民粹派分子害怕当前的社会发展，因为他们已经看到了这些矛盾。"学生们"相信当前的社会发展，因为他们认为只有这些矛盾充分发展，美好的未来才有保证。因此，第一个派别和最后一个派别都竭力支持、加速和促进循着这条道路往前发展，扫除一切妨碍和阻止这个发展的障碍。相反，民粹派则竭力遏止和阻止这个发展，害怕把资本主义发展的某些障碍消灭掉。第一个派别和最后一个派别都具有可以叫做历史乐观主义的特点：事情愈是像现在这样快地进行下去，那就愈好。相反，民粹派则自然会陷入历史悲观主义：事情愈是像现在这样进行下去，那就愈糟。"启蒙者"根本没有提出改革后发展的性质问题，仅仅限于向改革前制度的残余作斗争，仅仅限于给俄国的西欧式发展扫清道路这一消极任务。民粹派提出了俄国的资本主义问题，但它是从资本主义具有反动性的观点出发来解决这个问题的，因此不能完全接受启蒙者的遗产：民粹派分子总是反对那些从"文明统一"的观点出发力求使俄国全盘欧化的人。他们之所以反对，不仅是因为他们不能局限于这些人的理想（这样的反对倒是正确的），而是因为他们不愿意在当前的即资本主义的文明的发展方面走得这样远。"学生们"是从资本主义具有进步性的观点出发来解决俄国资本主义问题的，因此他们不仅能够而且应当全部接受启蒙者的遗产，并且从无家产的生产者的观点出发分析了资本主义的矛盾，从而对这个遗产作了补充。启蒙者没有挑出任何一个居民阶级作为自己特别注意的对象,他们不仅一般地谈论人民,甚至一般地谈论民族。民粹派分子希望代表劳动者的利益,然而没有指出现代经济体系中的特定集团;事实上他们总是站在小生产者的观点上,而资本主义则使小生产者变为商品生产者,"学生们"不仅以劳动者的利益为标准,而且还指出了资本主义经济中完全特定的经济集团,即无家产的生产者。第一个派别和最后一个派别在其愿望的内容上与资本主义所创造和发展的那些阶级的利益相适应;民粹主义在其内容上则与小生产者阶级即在现代社会其他阶级中占据中间地位的小资产阶级的利益相适应。因此,民粹主义对"遗产"的矛盾态度,并不是偶然现象,而是民粹派观点内容本身的必然结果。我们曾经看到,启蒙者观点的主要特点之一是热烈追求俄国欧化,而民粹派分子只要依然是民粹派分子,就无论如何也不能完全同意这种追求。

因此,归根到底我们就得出了我们在上面个别场合曾不止一次指出过的结论:学生们是比民粹派分子彻底得多、忠实得多的遗产保存者。他们不仅不拒绝遗产,相反,他们认为自己最主要的任务之一是驳斥那些浪漫主义的和小资产阶级的顾虑,这些顾虑使民粹派分子在很多十分重要的问题上拒绝接受启蒙者的欧洲理想。当然,"学生们"保存遗产,不同于档案保管员保存旧的文件。保存遗产,还决不等于局限于遗产,所以"学生们"除了捍卫欧洲主义的一般理想而外,还分析了我国资本主义发展所包含的各种矛盾,并从上述特有的观点出发评价了这个发展。

摘自《列宁全集》(第2卷),人民出版社,2013年,第417~419页。

链接1:民族的科学的大众的文化

　　抗日战争时期,毛泽东对中国文化问题做了深入思考。他说当时中国存在帝国主义文化和半封建文化,前者"反映帝国主义在政治上经济上统治或半统治中国的东西。这一部分文化,除了帝国主义在中国直接办理的文化机关之外,还有一些无耻的中国人也在提倡。一切包含奴化思想的文化,都属于这一类";后者"反映半封建政治和半封建经济的东西,凡属主张尊孔读经、提倡旧礼教旧思想、反对新文化新思想的人们,都是这类文化的代表"。①只有将这种反动文化打倒,才能建立中国的新文化。

　　什么是中国的新文化呢?毛泽东认为:"中国自从发生了资本主义经济以来,中国社会就逐渐改变了性质,它不是完全的封建社会了,变成了半封建社会,虽然封建经济还是占优势。这种资本主义经济,对于封建经济说来,它是新经济。同这种资本主义新经济同时发生和发展着的新政治力量,就是资产阶级、小资产阶级和无产阶级的政治力量。而在观念形态上作为这种新的经济力量和新的政治力量之反映并为它们服务的东西,就是新文化。"②新的政治力量、经济力量和文化力量,都是中国的革命力量。

　　当然,革命也有新旧之分。毛泽东认为"在'五四'以前,中国的新文化,是旧民主主义性质的文化,属于世界资产阶级的资本主义的文化革命的一部分。在'五四'以后,中国的新文化,却是新民主主义性质的文化,属于世界无

---

① 毛泽东:《新民主主义论》,《毛泽东选集》(第二卷),人民出版社,1991年,第694~695页。
② 同上,第695页。

产阶级的社会主义的文化革命的一部分","所谓新民主主义的文化,就是人民大众反帝反封建的文化;……这种文化,只能由无产阶级的文化思想即共产主义思想去领导,任何别的阶级的文化思想都是不能领导了的。"①

新民主主义文化和社会主义文化是什么关系?毛泽东提出:"新民主主义的政治、经济、文化,由于其都是无产阶级领导的缘故,就都具有社会主义的因素,并且不是普通的因素,而是起决定作用的因素。但是就整个政治情况、整个经济情况和整个文化情况说来,却还不是社会主义的,而是新民主主义的。因为在现阶段革命的基本任务主要地是反对外国的帝国主义和本国的封建主义,是资产阶级民主主义的革命,还不是以推翻资本主义为目标的社会主义的革命。就国民文化领域来说,如果以为现在的整个国民文化就是或应该是社会主义的国民文化,这是不对的。……我们在政治上经济上有社会主义的因素,反映到我们的国民文化也有社会主义的因素;但就整个社会来说,我们现在还没有形成这种整个的社会主义的政治和经济,所以还不能有这种整个的社会主义的国民文化。"②

毛泽东强调新民主主义文化是"民族的科学的大众的文化"。所谓"民族的",是指这种文化是"反对帝国主义压迫,主张中华民族的尊严和独立的。它是我们这个民族的,带有我们民族的特性。……中国应该大量吸收外国的进步文化,作为自己文化食粮的原料,……凡属我们今天用得着的东西,都应该吸收。但是一切外国的东西,如同我们对于食物一样,必须经过自己的口腔咀嚼和胃肠运动,送进唾液胃液肠液,把它分解为精华和糟粕两部分,然后排泄其糟粕,吸收其精华,才能对我们的身体有益,决不能生吞活剥地毫无批判地吸收。……中国文化应有自己的形式,这就是民族形式。民族的形式,新民主主义的内容——这就是我们今天的新文化"③。

所谓"科学的",是指这种文化是"反对一切封建思想和迷信思想,主张实

---

① 毛泽东:《新民主主义论》,《毛泽东选集》(第二卷),人民出版社,1991年,第698页。
② 同上,第704~705页。
③ 同上,第706~707页。

事求是，主张客观真理，主张理论和实践一致的。……中国的长期封建社会中，创造了灿烂的古代文化。清理古代文化的发展过程，别除其封建性的糟粕，吸收其民主性的精华，是发展民族新文化提高民族自信心的必要条件；但是决不能无批判地兼收并蓄。必须将古代封建统治阶级的一切腐朽的东西和古代优秀的人民文化即多少带有民主性和革命性的东西区别开来。……我们必须尊重自己的历史，决不能割断历史。但是这种尊重，是给历史以一定的科学的地位，是尊重历史的辩证法的发展，而不是颂古非今，不是赞扬任何封建的毒素"①。

所谓"大众的"，是指这种文化"应为全民族中百分之九十以上的工农劳苦民众服务，并逐渐成为他们的文化。要把教育革命干部的知识和教育革命大众的知识在程度上互相区别又互相联结起来，把提高和普及互相区别又互相联结起来。革命文化，对于人民大众，是革命的有力武器。革命文化，在革命前，是革命的思想准备；在革命中，是革命总战线中的一条必要和重要的战线。而革命的文化工作者，就是这个文化战线上的各级指挥员。……而这种文化运动和实践运动，都是群众的。因此，一切进步的文化工作者，在抗日战争中，应有自己的文化军队，这个军队就是人民大众。革命的文化人而不接近民众，就是'无兵司令'，他的火力就打不倒敌人。为达此目的，文字必须在一定条件下加以改革，言语必须接近民众，须知民众就是革命文化的无限丰富的源泉"②。

① 毛泽东：《新民主主义论》，《毛泽东选集》（第二卷），人民出版社，1991年，第707~708页。
② 同上，第708页。

链接2：要坚持社会主义先进文化

改革开放初期，邓小平在抓经济建设和民主法制建设的同时，也高度重视文化建设。他说："我们的国家已经进入社会主义现代化建设的新时期。我们要在大幅度提高社会生产力的同时，改革和完善社会主义的经济制度和政治制度，发展高度的社会主义民主和完备的社会主义法制。我们要在建设高度物质文明的同时，提高全民族的科学文化水平，发展高尚的丰富多彩的文化生活，建设高度的社会主义精神文明。"①邓小平强调文化建设要围绕"四个现代化"展开，"同心同德地实现四个现代化，是今后一个相当长的时期内全国人民压倒一切的中心任务，是决定祖国命运的千秋大业。各条战线上的群众和干部，都要做解放思想的促进派，安定团结的促进派，维护祖国统一的促进派，实现四个现代化的促进派。……要批判剥削阶级思想和小生产守旧狭隘心理的影响，批判无政府主义、极端个人主义，克服官僚主义。要恢复和发扬我们党和人民的革命传统，培养和树立优良的道德风尚，为建设高度发展的社会主义精神文明做出积极的贡献"②。

此后的党和国家领导人，同样高度重视文化建设。江泽民强调"我们党要

---

① 邓小平：《在中国文学艺术工作者第四次代表大会上的祝词》，《邓小平文选》（第二卷），人民出版社，1994年，第208页。

② 同上，第208~209页。

始终代表中国先进文化的前进方向"①,"社会主义社会是全面发展、全面进步的社会。社会主义现代化事业是物质文明和精神文明相辅相成、协调发展的事业。全党同志必须全面把握两个文明建设的辩证关系,在推进物质文明建设的同时,努力推进社会主义精神文明建设"②。胡锦涛也说:"当今时代,文化越来越成为民族凝聚力和创造力的重要源泉、越来越成为综合国力竞争的重要因素,丰富精神文化生活越来越成为我国人民的热切愿望。要坚持社会主义先进文化前进方向,兴起社会主义文化建设新高潮,激发全民族文化创造活力,提高国家文化软实力,使人民基本文化权益得到更好保障,使社会文化生活更加丰富多彩,使人民精神风貌更加昂扬向上。"③

江泽民和胡锦涛都强调建设社会主义先进文化,离不开正确理论的引导。江泽民说:"坚持以马克思列宁主义、毛泽东思想、邓小平理论为指导,立足于建设有中国特色社会主义的实践,着眼于世界科学文化发展的前沿,不断发展健康向上、丰富多彩的,具有中国风格、中国特色的社会主义文化,满足人民群众日益增长的精神文化需求,引导广大人民群众从思想上精神上正确武装和不断提高起来。……坚持和巩固马克思主义的指导地位,帮助人们树立正确的世界观、人生观、价值观,坚定对马克思主义的信仰、坚定对社会主义的信念、增强对改革开放和现代化建设的信心、增强对党和政府的信任,增强自立意识、竞争意识、效率意识、民主法制意识和开拓创新精神。"④胡锦涛说:"要巩固马克思主义指导地位,坚持不懈地用马克思主义中国化最新成果武装全党、教育人民,用中国特色社会主义共同理想凝聚力量,用以爱国主义为核心的民族精神和以改革创新为核心的时

---

①② 江泽民:《在庆祝中国共产党成立八十周年大会上的讲话》,《江泽民文选》(第三卷),人民出版社,2006年,第276页。

③ 胡锦涛:《高举中国特色社会主义伟大旗帜,为夺取全面建设小康社会新胜利而奋斗》,《胡锦涛文选》(第二卷),人民出版社,2016年,第639页。

④ 江泽民:《在庆祝中国共产党成立八十周年大会上的讲话》,《江泽民文选》(第三卷),人民出版社,2006年,第276~277页。

代精神鼓舞斗志,用社会主义荣辱观引领风尚,巩固全党全国各族人民团结奋斗的共同思想基础。大力推进理论创新,不断赋予当代中国马克思主义鲜明的实践特色、民族特色、时代特色。开展中国特色社会主义理论体系宣传普及活动,推动当代中国马克思主义大众化。推进马克思主义理论研究和建设工程,深入回答重大理论和实际问题,培养造就一批马克思主义理论家特别是中青年理论家。"①

在建设社会主义先进文化的过程中,如何对待传统文化,也是党和国家领导人十分重视的问题。江泽民指出:"我国几千年历史留下了丰富的文化遗产,我们应该取其精华、去其糟粕,结合时代精神加以继承和发展,做到古为今用。"②胡锦涛也说:"弘扬中华文化,建设中华民族共有精神家园。……要全面认识祖国传统文化,……使之与当代社会相适应、与现代文明相协调,保持民族性,体现时代性。加强中华优秀文化传统教育,运用现代科技手段开发利用民族文化丰厚资源。加强对各民族文化的挖掘和保护,重视文物和非物质文化遗产保护,做好文化典籍整理工作。"③

除了继承优秀的传统文化,党和国家领导人也很重视文化创新,增强文化发展活力。江泽民强调:"必须结合新的实践和时代的要求,结合人民群众精神文化生活的需要,积极进行文化创新,努力繁荣先进文化,把亿万人民紧紧吸引在有中国特色社会主义文化的伟大旗帜下。"④胡锦涛对文化创新做了更详细的部署。他说:"在时代的高起点上推动文化内容形式、体制机制、传播手段创新,解放和发展文化生产力,是繁荣文化的必由之路。要坚持为人民服务、为社会主义服务的方向和百花齐放、百家争鸣的方针,贴近实际、贴近生

---

① 胡锦涛:《高举中国特色社会主义伟大旗帜,为夺取全面建设小康社会新胜利而奋斗》,《胡锦涛文选》(第二卷),人民出版社,2016年,第639页。

② 江泽民:《在庆祝中国共产党成立八十周年大会上的讲话》,《江泽民文选》(第三卷),人民出版社,2006年,第278页。

③ 胡锦涛:《高举中国特色社会主义伟大旗帜,为夺取全面建设小康社会新胜利而奋斗》,《胡锦涛文选》(第二卷),人民出版社,2016年,第640~641页。

④ 江泽民:《在庆祝中国共产党成立八十周年大会上的讲话》,《江泽民文选》(第三卷),人民出版社,2006年,第278~279页。

活、贴近群众,始终把社会效益放在首位,做到经济效益与社会效益相统一。创作更多反映人民主体地位和现实生活、群众喜闻乐见的优秀精神文化产品。深化文化体制改革,完善扶持公益性文化事业、发展文化产业、鼓励文化创新的政策,营造有利于出精品、出人才、出效益的环境。坚持把发展公益性文化事业作为保障人民基本文化权益的主要途径,加大投入力度,加强社区和乡村文化设施建设。大力发展文化产业,实施重大文化产业项目带动战略,加快文化产业基地和区域性特色文化产业群建设,培育文化产业骨干企业和战略投资者,繁荣文化市场,增强国际竞争力。运用高新技术创新文化生产方式,培育新的文化业态,加快构建传输快捷、覆盖广泛的文化传播体系。设立国家荣誉制度,表彰有杰出贡献的文化工作者。"[1]

---

① 胡锦涛:《高举中国特色社会主义伟大旗帜,为夺取全面建设小康社会新胜利而奋斗》,《胡锦涛文选》(第二卷),人民出版社,2016年,第641页。

链接3：要坚定文化自信

　　党的十八大以来，习近平十分重视文化建设，对中国传统文化、哲学社会科学研究和文艺创作等问题都有深刻论述。他指出："孔子创立的儒家学说以及在此基础上发展起来的儒家思想，对中华文明产生了深刻影响，是中国传统文化的重要组成部分。儒家思想同中华民族形成和发展过程中所产生的其他思想文化一道，记载了中华民族自古以来在建设家园的奋斗中开展的精神活动、进行的理性思维、创造的文化成果，反映了中华民族的精神追求，是中华民族生生不息、发展壮大的重要滋养。"[①]"从历史的角度看，包括儒家思想在内的中国传统思想文化中的优秀成分，对中华文明形成并延续发展几千年而从未中断，对形成和维护中国团结统一的政治局面，对形成和巩固中国多民族和合一体的大家庭，对形成和丰富中华民族精神，对激励中华儿女维护民族独立、反抗外来侵略，对推动中国社会发展进步、促进中国社会利益和社会关系平衡，都发挥了十分重要的作用。"[②]对于解决当代人类面临的难题，中国优秀传统文化也蕴藏着重要启示。"比如，关于道法自然、天人合一的思想，关于天下为公、大同世界的思想，关于自强不息、厚德载物的思想，关于以民为本、安民富民乐民的思想，关于为政以德、政者正也的思想，关于苟日新日日新又日新、革故鼎新、与时俱进的思想，关于脚踏实地、实事求是的

---

　　①②　习近平：《在纪念孔子诞辰 2565 周年国际学术研讨会暨国际儒学联合会第五届会员大会开幕会上的讲话》，《人民日报》，2014 年 9 月 25 日。

思想,关于经世致用、知行合一、躬行实践的思想,关于集思广益、博施众利、群策群力的思想,关于仁者爱人、以德立人的思想,关于以诚待人、讲信修睦的思想,关于清廉从政、勤勉奉公的思想,关于俭约自守、力戒奢华的思想,关于中和、泰和、求同存异、和而不同、和谐相处的思想,关于安不忘危、存不忘亡、治不忘乱、居安思危的思想,等等。中国优秀传统文化的丰富哲学思想、人文精神、教化思想、道德理念等,可以为人们认识和改造世界提供有益启迪,可以为治国理政提供有益启示,也可以为道德建设提供有益启发。"①

我们应该如何对待传统文化呢?习近平强调:"要善于把弘扬优秀传统文化和发展现实文化有机统一起来,紧密结合起来,在继承中发展,在发展中继承。"②"在学习、研究、应用传统文化时坚持古为今用、推陈出新,结合新的实践和时代要求进行正确取舍,而不能一股脑儿都拿到今天来照套照用。要坚持古为今用、以古鉴今,坚持有鉴别的对待、有扬弃的继承,而不能搞厚古薄今、以古非今,努力实现传统文化的创造性转化、创新性发展,使之与现实文化相融相通,共同服务以文化人的时代任务。"③在这个过程中,中国共产党人具有重要的责任,"中国共产党人是马克思主义者,坚持马克思主义的科学学说,坚持和发展中国特色社会主义,但中国共产党人不是历史虚无主义者,也不是文化虚无主义者。我们从来认为,马克思主义基本原理必须同中国具体实际紧密结合起来,应该科学对待民族传统文化,……在带领中国人民进行革命、建设、改革的长期历史实践中,中国共产党人始终是中国优秀传统文化的忠实继承者和弘扬者,从孔夫子到孙中山,我们都注意汲取其中积极的养分"④。

习近平强调,哲学社会科学研究也应吸收中华优秀传统文化的资源,要有文化自信,"绵延几千年的中华文化,是中国特色哲学社会科学成长发展的深厚基础。……站立在960万平方公里的广袤土地上,吸吮着中华民族漫长

---

① ② ③ ④ 习近平:《在纪念孔子诞辰2565周年国际学术研讨会暨国际儒学联合会第五届会员大会开幕会上的讲话》,《人民日报》,2014年9月25日。

奋斗积累的文化养分,拥有13亿中国人民聚合的磅礴之力,我们走自己的路,具有无比广阔的舞台,具有无比深厚的历史底蕴,具有无比强大的前进定力,中国人民应该有这个信心,每一个中国人都应该有这个信心。我们说要坚定中国特色社会主义道路自信、理论自信、制度自信,说到底是要坚定文化自信。文化自信是更基本、更深沉、更持久的力量。历史和现实都表明,一个抛弃了或者背叛了自己历史文化的民族,不仅不可能发展起来,而且很可能上演一场历史悲剧"①。因此,"要加强对中华优秀传统文化的挖掘和阐发,使中华民族最基本的文化基因与当代文化相适应、与现代社会相协调,把跨越时空、超越国界、富有永恒魅力、具有当代价值的文化精神弘扬起来。要推动中华文明创造性转化、创新性发展,激活其生命力,让中华文明同各国人民创造的多彩文明一道,为人类提供正确精神指引。要围绕我国和世界发展面临的重大问题,着力提出能够体现中国立场、中国智慧、中国价值的理念、主张、方案"②。

在文艺创作问题上,习近平也十分强调文化自信,"文化是一个国家、一个民族的灵魂。历史和现实都表明,一个抛弃了或者背叛了自己历史文化的民族,不仅不可能发展起来,而且很可能上演一幕幕历史悲剧。文化自信,是更基础、更广泛、更深厚的自信,是更基本、更深沉、更持久的力量。坚定文化自信,是事关国运兴衰、事关文化安全、事关民族精神独立性的大问题。没有文化自信,不可能写出有骨气、有个性、有神采的作品"③。坚定文化自信,要重视优秀的传统文化,"广大文艺工作者要善于从中华文化宝库中萃取精华、汲取能量,保持对自身文化理想、文化价值的高度信心,保持对自身文化生命力、创造力的高度信心,使自己的作品成为激励中国人民和中华民族不断前行的精神力量"④。"坚定文化自信,离不开对中华民族历史的认知和运用。历史是一面镜子,从历史中,我们能够更好看清世界、参透生活、认识自

①② 习近平:《在哲学社会科学工作座谈会上的讲话》,《人民日报》,2016年5月19日。
③④ 习近平:《在中国文联十大、中国作协九大开幕式上的讲话》,《人民日报》,2016年12月1日。

己；历史也是一位智者，同历史对话，我们能够更好认识过去、把握当下、面向未来。'观古今于须史，抚四海于一瞬'。没有历史感，文学家、艺术家就很难有丰富的灵感和深刻的思想。文学家、艺术家要结合史料进行艺术再现，必须有史识、史才、史德。"①

---

① 习近平：《在中国文联十大、中国作协九大开幕式上的讲话》，《人民日报》，2016年12月1日。

4.《中共中央关于社会主义精神文明建设指导方针的决议》（1986年）（节选）

　　社会主义精神文明建设的根本任务，是适应社会主义现代化建设的需要，培育有理想、有道德、有文化、有纪律的社会主义公民，提高整个中华民族的思想道德素质和科学文化素质。

　　人的素质是历史的产物，又给历史以巨大影响。在社会主义条件下，努力改善全体公民的素质，必将使社会劳动生产率不断提高，使人和人之间在公有制基础上的新型关系不断发展，使整个社会的面貌发生深刻的变化。这是我国社会主义现代化事业获得成功的必不可少的条件。

　　精神文明建设，包括思想道德建设和教育科学文化建设两个方面，渗透在整个物质文明建设之中，体现在经济、政治、文化、社会生活的各个方面。加强精神文明建设，不单是思想文教部门的任务，而且是各条战线和一切部门的任务，是全党全军和全国各族工人、农民、知识分子和其他劳动者、爱国者的共同的长期的任务。

　　在我国社会主义改造基本完成以后，党在长时期内的重大失误，就是没有把工作重点转移到经济建设上来，仍然坚持以阶级斗争为纲，轻视教育科学文化建设，极端夸大意识形态领域的阶级斗争，直到发生"文化大革命"那场内乱。我们党总结历史经验，明确指出现阶段我国社会的主要矛盾是人民日益增长的物质文化需要同落后的社会生产之间的矛盾；阶级斗争在一定范围内仍将长期存在，但已经不是主要矛盾，我国社会存在的矛盾大多数不具有阶级斗争的性质。加强精神文明建设，就要牢记历史教训，正确处理社会主义社会的各种矛盾,坚持对思想性质的问题采取讨论的方法、说理的方法、批评和自我批评的方法,就是说,用教育和疏导的方法去解决;坚持一切着眼于建设,把注意力集中到团结人民、充分发挥人民的社会主义积极性和创造精神上来,集中到满足人民的文化和精神需要上来,集中到加强思想道德建设和教育科学文化建设上来,归根到底,集中到促进社会生产力的发展上来。

近代世界和中国的历史都表明,拒绝接受外国的先进科学文化,任何国家任何民族要发展进步都是不可能的。闭关自守只能停滞落后。我们坚决摒弃维护剥削和压迫的资本主义思想体系和社会制度,摒弃资本主义的一切丑恶腐朽的东西,但是必须下大决心用大力气,把当代世界各国包括资本主义发达国家的先进的科学技术、具有普遍适用性的经济行政管理经验和其他有益文化学到手,并在实践中加以检验和发展。不这样做就是愚昧,就不能实现现代化。对外开放作为一项不可动摇的基本国策,不仅适用于物质文明建设,而且适用于精神文明建设。

中华民族是有悠久历史和文化的伟大民族,在古代文明史上长期处于世界的前列。在近代,由于封建制度的腐朽和帝国主义的侵略而落后了。辛亥革命、五四运动和中国共产党领导的人民大革命,带来中国历史的巨大变化。新中国的成立,在社会主义基础上开始了伟大的中国文明的复兴。自从我们国家以党的十一届三中全会为标志进入了新的历史发展时期,更赋予这个复兴以新的强大生机和活力。这个复兴,不但将创造出高度发达的物质文明,而且将创造出以马克思主义为指导的,批判继承历史传统而又充分体现时代精神的,立足本国而又面向世界的,这样一种高度发达的社会主义精神文明。

……

坚持以马列主义、毛泽东思想为指导,是我国社会主义现代化事业的根本,也是社会主义精神文明建设的根本。作为工人阶级的科学世界观和全人类精神文明的伟大成果的马克思主义,是社会主义事业和党的领导的理论基础,是社会主义意识形态的最重要的组成部分,对整个精神文明建设起着重大的指导作用。我们的理想建设、道德建设、文化建设、民主法制观念建设,都离不开马克思主义的指导,离不开马克思主义的理论建设。

马克思主义是在历史和科学的前进中不断丰富和发展的科学,它并没有结束真理,而是在实践中不断地开辟认识真理的道路。中国和世界已经和正在发生的巨大变化,一方面证明马克思主义的伟大生命力,一方面要求我们运用马克思主义的基本原则和基本方法,创造性地解决新问题。新时期我国马克思主义理论工作的任务,就是要从经济、政治、文化、社会各方面,研究社会主义现代化建设和全面改革的新情况、新经验、新问题,探索建设具有中国特色的社会主义的规律;同时要研究当代世界的新变化,研究当代各种思潮,批判地吸取和概括各门科学发展的最新成果。只有从实际出发,以实践作为检验真理的唯一标准,勇于突破那些已被实践证明是不正确的或不适合变化了的情况的判断和结论,而不是用僵化观念来裁判生活,马克思主义才能随着生活前进并指导生活前进。这既是坚持马克思主义,又是发展马克思主义,两者统一在革命和建设的实践之中。离开实践的观点,发展的观点,创造的观点,就谈不上坚持马克思主义。把马克思主义当作僵死的教条,是错误的;否定马克思主义的基本原则,认为马克思主义"过时"而盲目崇拜资产阶级某些哲学和社会学说,也是错误的。

社会主义在实践中,现代化建设和全面改革是极其复杂的创新事业,没有也不可能有现成的答案,理论上和工作上的不同意见是会经常发生的。必须坚决执行"百花齐放、百家争鸣"的方针,支持和鼓励以科学研究为基础的大胆探索和自由争论,使马克思主义的理论研究大大活跃起来,使各项决策建立在更加民主和科学的基础之上。政策和计划的决定,要遵守民主集中制原则。学术和艺术问题,要遵守宪法规定的原则,实行学术自由,创作自由,讨论自由,批评和反批评自由。这样做的目的,是正确发挥马克思主义对学术和艺术的指导作用,造成科学文化发展所必需的安定团结的环境和民主和谐的气氛,使它们更好地为人民服务、为社会主义服务。

　　党员干部尤其是领导干部和从事意识形态工作的干部,要带头认真学习马克思主义。没有认真的学习,坚持和发展就无从谈起。在群众特别是青年中,也必须积极倡导学习马克思主义。要把马克思主义基本原理的教育同党的路线方针政策和形势教育、革命传统教育结合起来,同各种历史文化科学知识的学习结合起来,同群众的思想状况结合起来,克服忽视马克思主义理论学习的倾向,克服学习内容脱离实际和形式呆板单调的缺点。

　　摘自《十二大以来重要文献选编》(下卷),中央文献出版社,1988年,第123~134页。

5.《中共中央关于深化文化体制改革推动社会主义文化大发展大繁荣若干重大问题的决定》（2011年）（节选）

文化是民族的血脉，是人民的精神家园。在我国五千多年文明发展历程中，各族人民紧密团结、自强不息，共同创造出源远流长、博大精深的中华文化，为中华民族发展壮大提供了强大精神力量，为人类文明进步作出了不可磨灭的重大贡献。

中国共产党从成立之日起，就既是中华优秀传统文化的忠实传承者和弘扬者，又是中国先进文化的积极倡导者和发展者。我们党历来高度重视运用文化引领前进方向、凝聚奋斗力量，团结带领全国各族人民不断以思想文化新觉醒、理论创造新成果、文化建设新成就推动党和人民事业向前发展，文化工作在革命、建设、改革各个历史时期都发挥了不可替代的重大作用。

改革开放特别是党的十六大以来，我们党始终把文化建设放在党和国家全局工作重要战略地位，坚持物质文明和精神文明两手抓，实行依法治国和以德治国相结合，促进文化事业和文化产业同发展，推动文化建设不断取得新成就，走出了中国特色社会主义文化发展道路。我们坚持解放思想、实事求是、与时俱进，不断推进马克思主义中国化时代化大众化，形成和发展了中国特色社会主义理论体系，为开辟和拓展中国特色社会主义道路、确立和完善中国特色社会主义制度提供了科学理论指导；坚持推进社会主义核心价值体系建设，用马克思主义中国化最新成果武装全党、教育人民，用中国特色社会主义共同理想凝聚力量，用以爱国主义为核心的民族精神和以改革创新为核心的时代精神鼓舞斗志，用社会主义荣辱观引领风尚，巩固了全党全国各族人民团结奋斗的共同思想道德基础;坚持为人民服务、为社会主义服务的方向和百花齐放、百家争鸣的方针,发扬广大人民群众和文化工作者的创造精神,推动优秀文化产品大量涌现,丰富了人民精神文化生活;坚持推进文化体制改革,创新文化发展理念,解放和发展文化生产力,推动文化事业全面繁荣、文化产业健康发展,大幅度提高了人民基本文化权益保障水平,大幅度提高了文化在经济社会发展中的地位和作用;坚持发展多层次、宽领域对外文化交流格局,借鉴吸收人类优秀文明成果,实施文化走出去战略,不断增强中华文化国际影响力,向世界展示了我国改革开放的崭新形象和我国人民昂扬向上的精神风貌。我国文化改革发展,显著提高了全民族思想道德素质和科学文化素质、促进了人的全面发展,显著增强了国家文化软实力,为坚持和发展中国特色社会主义提供了强大精神力量。

　　当今世界正处在大发展大变革大调整时期,世界多极化、经济全球化深入发展,科学技术日新月异,各种思想文化交流交融交锋更加频繁,文化在综合国力竞争中的地位和作用更加凸显,维护国家文化安全任务更加艰巨,增强国家文化软实力、中华文化国际影响力要求更加紧迫。当代中国进入了全面建设小康社会的关键时期和深化改革开放、加快转变经济发展方式的攻坚时期,文化越来越成为民族凝聚力和创造力的重要源泉、越来越成为综合国力竞争的重要因素、越来越成为经济社会发展的重要支撑,丰富精神文化生活越来越成为我国人民的热切愿望。我国仍处于并将长期处于社会主义初级阶段,人民日益增长的物质文化需要同落后的社会生产之间的矛盾仍然是社会主要矛盾。全面建成惠及十几亿人口的更高水平的小康社会,既要让人民过上殷实富足的物质生活,又要让人民享有健康丰富的文化生活。我们必须抓住和用好我国发展的重要战略机遇期,在坚持以经济建设为中心的同时,自觉把文化繁荣发展作为坚持发展是硬道理、发展是党执政兴国第一要务的重要内容,作为深入贯彻落实科学发展观的一个基本要求,进一步推动文化建设与经济建设、政治建设、社会建设以及生态文明建设协调发展,更好满足人民精神需求、丰富人民精神世界、增强人民精神力量,为继续解放思想、坚持改革开放、推动科学发展、促进社会和谐提供坚强思想保证、强大精神动力、有力舆论支持、良好文化条件。

我国文化领域正在发生广泛而深刻的变革，推动文化大发展大繁荣既具备许多有利条件，也面临一系列新情况新问题。我国文化发展同经济社会发展和人民日益增长的精神文化需求还不完全适应，突出矛盾和问题主要是：一些地方和单位对文化建设重要性、必要性、紧迫性认识不够，文化在推动全民族文明素质提高中的作用亟待加强；一些领域道德失范、诚信缺失，一些社会成员人生观、价值观扭曲，用社会主义核心价值体系引领社会思潮更为紧迫，巩固全党全国各族人民团结奋斗的共同思想道德基础任务繁重；舆论引导能力需要提高，网络建设和管理亟待加强和改进；有影响的精品力作还不够多，文化产品创作生产引导力度需要加大；公共文化服务体系不健全，城乡、区域文化发展不平衡；文化产业规模不大、结构不合理，束缚文化生产力发展的体制机制问题尚未根本解决；文化走出去较为薄弱，中华文化国际影响力需要进一步增强；文化人才队伍建设急需加强。推进文化改革发展，必须抓紧解决这些矛盾和问题。

全党必须深刻认识到，社会主义先进文化是马克思主义政党思想精神上的旗帜，文化建设是中国特色社会主义事业总体布局的重要组成部分。没有文化的积极引领，没有人民精神世界的极大丰富，没有全民族精神力量的充分发挥，一个国家、一个民族不可能屹立于世界民族之林。物质贫乏不是社会主义，精神空虚也不是社会主义。没有社会主义文化繁荣发展，就没有社会主义现代化。在新的历史起点上深化文化体制改革、推动社会主义文化大发展大繁荣，关系实现全面建设小康社会奋斗目标，关系坚持和发展中国特色社会主义，关系实现中华民族伟大复兴。我们要准确把握我国经济社会发展新要求，准确把握当今时代文化发展新趋势，准确把握各族人民精神文化生活新期待，增强责任感和紧迫感，解放思想，转变观念，抓住机遇，乘势而上，在全面建设小康社会进程中、在科学发展道路上奋力开创社会主义文化建设新局面。

......

建设优秀传统文化传承体系。优秀传统文化凝聚着中华民族自强不息的精神追求和历久弥新的精神财富，是发展社会主义先进文化的深厚基础，是建设中华民族共有精神家园的重要支撑。要全面认识祖国传统文化，取其精华、去其糟粕，古为今用、推陈出新，坚持保护利用、普及弘扬并重，加强对优秀传统文化思想价值的挖掘和阐发，维护民族文化基本元素，使优秀传统文化成为新时代鼓舞人民前进的精神力量。加强文化典籍整理和出版工作，推进文化典籍资源数字化。加强国家重大文化和自然遗产地、重点文物保护单位、历史文化名城名镇名村保护建设，抓好非物质文化遗产保护传承。深入挖掘民族传统节日文化内涵，广泛开展优秀传统文化教育普及活动。发挥国民教育在文化传承创新中的基础性作用，增加优秀传统文化课程内容，加强优秀传统文化教学研究基地建设。大力推广和规范使用国家通用语言文字，科学保护各民族语言文字。繁荣发展少数民族文化事业，开展少数民族特色文化保护工作，加强少数民族语言文字党报党刊、广播影视节目、出版物等译制播出出版。加强同香港、澳门的文化交流合作，加强同台湾的各种形式文化交流，共同弘扬中华优秀传统文化。

摘自《十七大以来重要文献选编》(下卷)，中央文献出版社，2013年，第558~572页。

6.《关于实施中华优秀传统文化传承发展工程的意见》
（2017年）（节选）

文化是民族的血脉，是人民的精神家园。文化自信是更基本、更深层、更持久的力量。中华文化独一无二的理念、智慧、气度、神韵，增添了中国人民和中华民族内心深处的自信和自豪。为建设社会主义文化强国，增强国家文化软实力，实现中华民族伟大复兴的中国梦，现就实施中华优秀传统文化传承发展工程提出如下意见。

......

核心思想理念。中华民族和中国人民在修齐治平、尊时守位、知常达变、开物成务、建功立业过程中培育和形成的基本思想理念，如革故鼎新、与时俱进的思想，脚踏实地、实事求是的思想，惠民利民、安民富民的思想，道法自然、天人合一的思想等，可以为人们认识和改造世界提供有益启迪，可以为治国理政提供有益借鉴。传承发展中华优秀传统文化，就要大力弘扬讲仁爱、重民本、守诚信、崇正义、尚和合、求大同等核心思想理念。

中华传统美德。中华优秀传统文化蕴含着丰富的道德理念和规范，如天下兴亡、匹夫有责的担当意识，精忠报国、振兴中华的爱国情怀，崇德向善、见贤思齐的社会风尚，孝悌忠信、礼义廉耻的荣辱观念，体现着评判是非曲直的价值标准，潜移默化地影响着中国人的行为方式。传承发展中华优秀传统文化，就要大力弘扬自强不息、敬业乐群、扶危济困、见义勇为、孝老爱亲等中华传统美德。

中华人文精神。中华优秀传统文化积淀着多样、珍贵的精神财富，如求同存异、和而不同的处世方法，文以载道、以文化人的教化思想，形神兼备、情景交融的美学追求，俭约自守、中和泰和的生活理念等，是中国人民思想观念、风俗习惯、生活方式、情感样式的集中表达，滋养了独特丰富的文学艺术、科学技术、人文学术，至今仍然具有深刻影响。传承发展中华优秀传统文化，就要大力弘扬有利于促进社会和谐、鼓励人们向上向善的思想文化内容。

深入阐发文化精髓。加强中华文化研究阐释工作，深入研究阐释中华文化的历史渊源、发展脉络、基本走向，深刻阐明中华优秀传统文化是发展当代中国马克思主义的丰厚滋养，深刻阐明传承发展中华优秀传统文化是建设中国特色社会主义事业的实践之需，深刻阐明丰富多彩的多民族文化是中华文化的基本构成，深刻阐明中华文明是在与其他文明不断交流互鉴中丰富发展的，着力构建有中国底蕴、中国特色的思想体系、学术体系和话语体系。加强党史国史及相关档案编修，做好地方史志编纂工作，巩固中华文明探源成果，正确反映中华民族文明史，推出一批研究成果。实施中华文化资源普查工程，构建准确权威、开放共享的中华文化资源公共数据平台。建立国家文物登录制度。建设国家文献战略储备库、革命文物资源目录和大数据库。实施国家古籍保护工程，完善国家珍贵古籍名录和全国古籍重点保护单位评定制度，加强中华文化典籍整理编纂出版工作。完善非物质文化遗产、馆藏革命文物普查建档制度。

贯穿国民教育始终。围绕立德树人根本任务，遵循学生认知规律和教育教学规律，按照一体化、分学段、有序推进的原则，把中华优秀传统文化全方位融入思想道德教育、文化知识教育、艺术体育教育、社会实践教育各环节，贯穿于启蒙教育、基础教育、职业教育、高等教育、继续教育各领域。以幼儿、小学、中学教材为重点，构建中华文化课程和教材体系。编写中华文化幼儿读物，开展"少年传承中华传统美德"系列教育活动，创作系列绘本、童谣、儿歌、动画等。修订中小学道德与法治、语文、历史等课程教材。推动高校开设中华优秀传统文化必修课，在哲学社会科学及相关学科专业和课程中增加中华优秀传统文化的内容。加强中华优秀传统文化相关学科建设，重视保护和发展具有重要文化价值和传承意义的"绝学"、冷门学科。推进职业院校民族文化传承与创新示范专业点建设。丰富拓展校园文化，推进戏曲、书法、高雅艺术、传统体育等进校园，实施中华经典诵读工程，开设中华文化公开课，抓好传统文化教育成果展示活动。研究制定国民语言教育大纲，开展好国民语言教育。加强面向全体教师的中华文化教育培训，全面提升师资队伍水平。

保护传承文化遗产。坚持保护为主、抢救第一、合理利用、加强管理的方针，做好文物保护工作，抢救保护濒危文物，实施馆藏文物修复计划，加强新型城镇化和新农村建设中的文物保护。加强历史文化名城名镇名村、历史文化街区、名人故居保护和城市特色风貌管理，实施中国传统村落保护工程，做好传统民居、历史建筑、革命文化纪念地、农业遗产、工业遗产保护工作。规划建设一批国家文化公园，成为中华文化重要标识。推进地名文化遗产保护。实施非物质文化遗产传承发展工程，进一步完善非物质文化遗产保护制度。实施传统工艺振兴计划。大力推广和规范使用国家通用语言文字，保护传承方言文化。开展少数民族特色文化保护工作，加强少数民族语言文字和经典文献的保护和传播，做好少数民族经典文献和汉族经典文献互译出版工作。实施中华民族音乐传承出版工程、中国民间文学大系出版工程。推动民族传统体育项目的整理研究和保护传承。

滋养文艺创作。善于从中华文化资源宝库中提炼题材、获取灵感、汲取养分，把中华优秀传统文化的有益思想、艺术价值与时代特点和要求相结合，运用丰富多样的艺术形式进行当代表达，推出一大批底蕴深厚、涵育人心的优秀文艺作品。科学编制重大革命和历史题材、现实题材、爱国主义题材、青少年题材等专项创作规划，提高创作生产组织化程度，彰显中华文化的精神内涵和审美风范。加强对中华诗词、音乐舞蹈、书法绘画、曲艺杂技和历史文化纪录片、动画片、出版物等的扶持。实施戏曲振兴工程，做好戏曲"像音像"工作，挖掘整理优秀传统剧目，推进数字化保存和传播。实施网络文艺创作传播计划,推动网络文学、网络音乐、网络剧、微电影等传承发展中华优秀传统文化。实施中国经典民间故事动漫创作工程、中华文化电视传播工程,组织创作生产一批传承中华文化基因、具有大众亲和力的动画片、纪录片和节目栏目。大力加强文艺评论,改革完善文艺评奖,建立有中国特色的文艺研究评论体系,倡导中华美学精神,推动美学、美德、美文相结合。

融入生产生活。注重实践与养成、需求与供给、形式与内容相结合,把中华优秀传统文化内涵更好更多地融入生产生活各方面。深入挖掘城市历史文化价值,提炼精选一批凸显文化特色的经典性元素和标志性符号,纳入城镇化建设、城市规划设计,合理应用于城市雕塑、广场园林等公共空间,避免千篇一律、千城一面。挖掘整理传统建筑文化,鼓励建筑设计继承创新,推进城市修补、生态修复工作,延续城市文脉。加强"美丽乡村"文化建设,发掘和保护一批处处有历史、步步有文化的小镇和村庄。用中华优秀传统文化的精髓涵养企业精神,培育现代企业文化。实施中华老字号保护发展工程,支持一批文化特色浓、品牌信誉高、有市场竞争力的中华老字号做精做强。深入开展"我们的节日"主题活动,实施中国传统节日振兴工程,丰富春节、元宵、清明、端午、七夕、中秋、重阳等传统节日文化内涵,形成新的节日习俗。加强对传统历法、节气、生肖和饮食、医药等的研究阐释、活态利用,使其有益的文化价值深度嵌入百姓生活。实施中华节庆礼仪服装服饰计划,设计制作展现中华民族独特文化魅力的系列服装服饰。大力发展文化旅游,充分利用历史文化资源优势,规划设计推出一批专题研学旅游线路,引导游客在文化旅游中感知中华文化。推动休闲生活与传统文化融合发展,培育符合现代人需求的传统休闲文化。发展传统体育,抢救濒危传统体育项目,把传统体育项目纳入全民健身工程。

加大宣传教育力度。综合运用报纸、书刊、电台、电视台、互联网站等各类载体,融通多媒体资源,统筹宣传、文化、文物等各方力量,创新表达方式,大力彰显中华文化魅力。实施中华文化新媒体传播工程。充分发挥图书馆、文化馆、博物馆、群艺馆、美术馆等公共文化机构在传承发展中华优秀传统文化中的作用。编纂出版系列文化经典。加强革命文物工作，实施革命文物保护利用工程，做好革命遗址、遗迹、烈士纪念设施的保护和利用。推动红色旅游持续健康发展。深入开展"爱我中华"主题教育活动，充分利用重大历史事件和中华历史名人纪念活动、国家公祭仪式、烈士纪念日，充分利用各类爱国主义教育基地、历史遗迹等，展示爱国主义深刻内涵，培育爱国主义精神。加强国民礼仪教育。加大对国家重要礼仪的普及教育与宣传力度，在国家重大节庆活动中体现仪式感、庄重感、荣誉感，彰显中华传统礼仪文化的时代价值，树立文明古国、礼仪之邦的良好形象。研究提出承接传统习俗、符合现代文明要求的社会礼仪、服装服饰、文明用语规范，建立健全各类公共场所和网络公共空间的礼仪、礼节、礼貌规范，推动形成良好的言行举止和礼让宽容的社会风尚。把优秀传统文化思想理念体现在社会规范中，与制定市民公约、乡规民约、学生守则、行业规章、团体章程相结合。弘扬孝敬文化、慈善文化、诚信文化等，开展节俭养德全民行动和学雷锋志愿服务。广泛开展文明家庭创建活动，挖掘和整理家训、家书文化，用优良的家风家教培育青少年。挖掘和保护乡土文化资源，建设新乡贤文化，培育和扶持乡村文化骨干，提升乡土文化内涵，形成良性乡村文化生态，让子孙后代记得住乡愁。加强港澳台中华文化普及和交流，积极举办以中华文化为主题的青少年夏令营、冬令营以及诵读和书写中华经典等交流活动，鼓励港澳台艺术家参与国家在海外举办的感知中国、中国文化年（节）、欢乐春节等品牌活动，增强国家认同、民族认同、文化认同。

推动中外文化交流互鉴。加强对外文化交流合作，创新人文交流方式，丰富文化交流内容，不断提高文化交流水平。充分运用海外中国文化中心、孔子学院，文化节展、文物展览、博览会、书展、电影节、体育活动、旅游推介和各类品牌活动，助推中华优秀传统文化的国际传播。支持中华医药、中华烹饪、中华武术、中华典籍、中国文物、中国园林、中国节日等中华传统文化代表性项目走出去。积极宣传推介戏曲、民乐、书法、国画等我国优秀传统文化艺术，让国外民众在审美过程中获得愉悦、感受魅力。加强"一带一路"沿线国家文化交流合作。鼓励发展对外文化贸易,让更多体现中华文化特色、具有较强竞争力的文化产品走向国际市场。探索中华文化国际传播与交流新模式,综合运用大众传播、群体传播、人际传播等方式,构建全方位、多层次、宽领域的中华文化传播格局。推进国际汉学交流和中外智库合作,加强中国出版物国际推广与传播,扶持汉学家和海外出版机构翻译出版中国图书,通过华侨华人、文化体育名人、各方面出境人员,依托我国驻外机构、中资企业、与我友好合作机构和世界各地的中餐馆等,讲好中国故事、传播好中国声音、阐释好中国特色、展示好中国形象。

摘自《人民日报》,2017年1月26日。

二

从维新变法到新文化运动

1.康有为①:
《大同书》绪言

　　康有为生于大地之上,传少农知县府君(讳达初)及劳太夫人(名莲枝)之种体者,吾地二十六周于日有余矣。当大地凝结百数十万年之后,幸远过大鸟大兽之期,际开辟文明之运,居于赤道北温带之地,国于昆仑西南、带江河、临太平海之中华,游学于南海滨之百粤都会曰羊城,乡于西樵山之北曰银塘,得氏于周文王之子曰康叔。盖积中国羲、农、黄帝、尧、舜、禹、汤、文王、周公、孔子及汉、唐、宋、明五千年之文明而尽吸饮之;又当大地之交通,万国之并会,荟东西诸哲之心肝精英而醰饫之。神游于诸天之外,深入于血轮之中,于时登白云山摩星之巅,荡荡乎其骛于八极也。已而强国有法者吞据安南,中国救之,船沉于马江,血蹀于谅山;风鹤之警误流羊城,一夕大惊,将军登陴,城民走迁,空巷无人。康子避兵,归于其乡。延香老屋,吾祖是传,隔塘有七松园,楼曰澹如,俯临三塘。吾朝夕拥书于是,俯读仰思,澄神离形,归对妻儿,懘然若非人。

　　虽然乡人之酬酢,里妇之应接,儿童之抚弄,宗姓之亲昵,耳闻皆勃豀之声,目睹皆困苦之形。或寡妇思夫之夜哭;或孤子穷饿之长啼;或老夫无衣,扶杖于树底;或病妪无被,夕卧于灶眉;或废疾癃笃持钵行乞,呼号而无归。

---

　　① 康有为(1858—1927),字广厦,号长素,广东南海人。中国晚清时期重要的政治家、思想家、教育家。主要著作有《康子篇》《新学伪经考》《孔子改制考》《日本变政考》《大同书》和《欧洲十一国游记》等。

其贵乎富乎，则兄弟子侄之阋墙，妇姑娣姒叔嫂之勃豀，与接为构，忧痛惨悽。号为承平，其实普天之家室，皆怨气之冲盈，争心之触射，毒于黄雾而塞于寰瀛也。呜呼！人患无家，有家之害如此哉！若夫民贼国争，杀人盈城，流血塞河，鸣万斯年，大剧惨瘥。呜呼痛哉！生民之祸烈而救之之无术也，人患无国而有国之害如此哉！若夫烹羊宰牛，杀鸡屠豕，众生熙熙，与我同气，刳肠食肉，以寝以处。盖全世界皆忧患之世而已，普天下人皆忧患之人而已，普天下众生皆戕杀之众生而已。苍苍者天，厚厚者地，不过一大杀场、大牢狱而已。诸圣依依，入病室牢狱中，画烛以照之，煮糜而食之，裹药而医之，号为仁人，少救须臾，而何补于苦悲？康子悽楚伤怀，日月噫歆，不绝于心。何为感我如是哉？是何朕欤？吾自为身，彼身自困苦，与我无关，而恻恻沉详，行忧坐念，若是者何哉？是其为觉耶，非欤？使我无觉无知，则草木夭夭，杀斩不知，而何有于他物为？我果有觉耶？则今诸星人种之争国，其百千万亿于白起之坑长平卒四十万、项羽之坑新安卒二十万者，不可胜数也，而我何为不感怆于予心哉？且俾士麦之大烧法师丹也，我年已十余，未有所哀感也。及观影戏，则尸横草木，火焚室屋，而怵然动矣。非我无觉，患我不见也。夫见见觉觉者，形声于彼，传送于目耳，冲触于魂气，悽悽怆怆，袭我之阳，冥冥岑岑，入我之阴，犹犹然而不能自已者，其何朕耶？其欧人所谓以太耶？其古所谓不忍之心耶？其人人皆有此不忍之心耶？宁我独有耶，而我何为深深感朕？

康子乃自反：若吾无身耶，吾何有知而何有亲？吾既有身，则与并身之所通气于天、通质于地、通接于人者，其能绝乎？其不能绝乎？其能绝也，抽刀可断水也。其不能绝也，则如气之塞于空而无不有也，如电之行于气而无不通也，如水之周于地而无不贯也，如脉之周于身而无不彻也。山绝气则崩，身绝脉则死，地绝气则散。然则人绝其不忍之爱质乎？人道将灭绝矣。灭绝者，断其文明而还于野蛮，断其野蛮而还于禽兽之原质，也夫！

夫浩浩元气，造起天地。天者，一物之魂质也；人者，亦一物之魂质也。虽形有大小，而其分浩气于太元，挹涓滴于大海，无以异也。孔子曰：地载神气，神气风霆，风霆流形，庶物露生。光电能无所不传，神气能无所不感。神鬼神帝，生天生地，全神分神，惟元惟人。微乎妙哉，其神之有触哉！夫神者，知气也，魂知也，精爽也，灵明也，明德也，数者异名而同实。有觉知则有吸摄，磁石犹然，何况于人？不忍者，吸摄之力也。故仁智同藏而智为先，仁智同用而仁为贵矣。

康子曰：吾既为人，吾将忍心而逃人，不共其忧患焉？生于一家，受人之鞠育而后有其生，则有家人之荷担。若逃之而出其家，其自为则巧矣，其负恩则何忍矣！生于一国，受一国之文明而后有其知，则有国民之责任。如逃之而弃其国，其国亡种灭而文明随之隳坏，其负责亦太甚矣。生于大地，则大地万国之人类皆吾同胞之异体也。既与有知，则与有亲。凡印度、希腊、波斯、罗马及近世英、法、德、美先哲之精英，吾已嚼之饮之，藉之枕之，魂梦通之；于万国之元老、硕儒、名士、美人，亦多握手接茵、联袂分羹而致其亲爱矣。凡大地万国之宫室、服食、舟车、什器、政教、艺乐之飞奇伟丽者，日受而用之，以刺触其心目，感荡其魂气。其进化耶则相与共进，退化耶则相与共退，其乐耶相与共其乐，其苦耶相与共其苦，诚如电之无不相通矣，如气之无不相周矣。乃至大地之生番、野人、草木、介鱼、昆虫、鸟兽，凡胎生、湿生、卵生、化生之万形千汇，亦皆与我耳目相接、魂知相通、爱磁相摄，而吾何能恝然！彼其色相好，吾乐之；生趣盎，吾怡之；其色相憔悴，生趣惨凄，吾亦有憔悴惨悽动于中焉。莽莽大地，吾又将焉逃于其外？将为婆罗门之舍身雪窟中以炼精魂，然人人弃家舍身，则全地文明不数十年而复为狉榛草木鸟兽之世界，吾更何忍出比也！火星、土星、木星、天王、海王诸星之生物耶，莽不与接，杳冥为期，吾欲仁之，远无所施。恒星之大，星团、星云、星气之多，诸天之表，目本相见，神尝与游。其国土士女、礼乐、文章之乐与兵戎战伐之争，浩浩无涯。为天为人，虽吾所未能觏，而苟有物类有识者，即与吾地吾人无异情焉。吾为天游，想像一极乐之世界，想像一极苦之世界，乐者吾乐之，苦者吾救之。吾为诸天之一物，吾宁能舍世界天界、绝类逃伦而独乐哉！其觉知少者，其爱心亦少；其觉知大者，其仁心亦大，其爱之无涯与觉为涯，爱与觉之大小多少为比例焉。

康子不生于他天而生于此天，不生于他地而生于此地，则与此地之人物触处为缘、相遇为亲矣。不生为毛羽鳞介之物而为人,则与圆首方趾、形貌相同、性情相通者尤亲矣。不为边僻洞穴生番僚蛮之人,而为数千年文明国土之人。不为牧竖爨婢耕奴不识文字之人,而为文学传家之士人。日读数千年古人之书,则与古人亲;周览大地数十国之故,则与全地之人亲;能深思,能远虑,则与将来无量世之人亲。凡其觉识之所及,即其亲之所及,不能闭目而御之,掩耳而塞之矣。

　　康子于是起而上览古昔,下考当今,近观中国,远揽全地。尊极帝王,贱及隶庶,寿至筴彭,夭若殇子,逸若僧道,繁若毛羽,盖普天之下,全地之上,人人之中,物物之庶,无非忧患苦恼者矣。虽所有浅深大小,而忧患苦恼之交迫而并至,浓深而厚重,繁赜而恶剧,未有能少免之者矣。

　　诸圣群哲乃慭然焦然,思有以拯救之、普度之,各竭其心思、出其方术施济之,而横览胥溺之滔滔,终无能起沉痼也。略能小瘳,无有全愈者,或扶东而倒西,扶头而病足,岂医理之未精欤?抑医术之未至耶?蒙有憾焉。或者时有未至耶?

　　夫生物之有知者,脑筋含灵,其与外物之触遇也,即有宜有不宜焉,有适有不适焉。其于脑筋适且宜者,则神魂为之乐;其与脑筋不适不宜者,则神魂为之苦。况于人乎,脑筋尤灵,神魂尤清,明其外物之感人于身者尤繁夥、精微、急捷,而适不适尤著明焉。适宜者受之,不适宜者拒之。故夫人道只有宜不宜,不宜者苦也,宜之又宜者乐也。故夫人道者依人以为道。依人之道,苦乐而已。为人谋者,去苦以求乐而已。

　　……

　　夫喜群而恶独,相扶而相殖者,人情之所乐也。故有父子、夫妇、兄弟之相亲、相爱、相收、相恤者,不以利害患难而变易者,此人之所乐也。其无父子、夫妇、兄弟之人,则无人亲之,爱之,收之,恤之;时有友朋,则以利害患难而易心,不可凭藉;号之曰孤寡鳏,独,名之曰穷民,怜之曰无告,此人之至苦者也。圣人者因人情之所乐,顺人事之自然,乃为家法以纲纪之,曰"父慈,子孝,兄友,弟敬,夫义,妇顺"。此亦人道之至顺,人情之至愿矣,其术不过为人增益其乐而已。

结党而争胜，从强而自保者，人情之所不能免也。故有部落、国种之分，有君臣、政治之法，所以保全人家室财产之乐也。其部落已亡，国土无托，无君臣，无政法，荡然如野鹿，则为人所捕虏隶奴，不能保全其家室财产，则陷苦无量而求乐无所。圣人者因人情所不能免，顺人事时势之自然，而为之立国土、部落、君臣、政治之法，其术不过为人免其苦而已。

人者智多而思深，虑远而计久，既受乐于生前，更求永乐于死后；既受乐于体魄，更求永乐于神魂。圣者因人情之所乐而乐之，则为创出世之法，炼神养魂之道，长生不死之术，以求生天证圣之果，轮回不受，世界无边，其乐浩大深长，有迥过于人生之数十年者。于是人遂愿行苦行焉，弃亲爱之室家，绝人间之荣华，入山面壁，裸跣乞食，或一日一食，或三旬九食，编草，尝粪，卧雪，视日，喂虎，饲鹰。彼非履至苦也，盖权其苦乐之长短大小，故甘行其小苦短苦以求其长乐大乐也。彼以生老病死为苦，故将求其不苦而至乐者焉，是尤求乐求免苦之至者也。

孝子、忠臣、义夫、节妇、猛将、修士，履危难、蹈险艰、茹苦如饴、舍命不渝、守死善道、名节懔然。文天祥、史可法以忠君国死，杨继盛以谏亡，于成龙为令而自炊；陈瑸为巡抚，厨仅瓜菜。吾家从伯母陈自刎而不嫁，吾伯姊逸红守贞而抚子；其苦至矣。然廉耻养之于风俗，节义本之于道学。《庄子》谓曾参、伍胥也，不修则名亦不成也。则虽苦行耶，而荣誉在焉，敬礼在焉。所乐有在，于是故不以其所苦易其所乐也。

故普天之下，有生之徒，皆以求乐免苦而已，无它道矣。其有迂其途，假其道，曲折以赴，行苦而不厌者，亦以求乐。而虽人之性有不同乎，而可断断言之，曰人道无求苦去乐者也。立法创教，能令人有乐而无苦，善之善者也；能令人乐多苦少，善而未尽善者也；令人苦多乐少，不善者也。昔者有墨子者，大教主也。其为教也，尚同、兼爱，善矣；而其为术，非乐、节用，"生不歌，死无服"，裘葛以为衣。《庄子》以为"其道太觳"，乱之上也，治之下也，离天下之心，天下不堪；离于天下，其去王也远。故墨子之为道苦，故人不从之。婆罗门道亦然。是皆不幸生于乱世，五浊烦恼，礼法、纲纪太严太苦，无可解除，故藉出家绝世以超脱之也。其法之不善，此圣人所生世之不幸也耶。

摘自《康有为全集》(第七卷)，中国人民大学出版社，1998年，第3~8页。

2.张之洞①:
《劝学篇》序

　　昔楚庄王之霸也,以民生在勤箴其民,以日讨军实儆其军,以祸至无日训其国人。夫楚当春秋鲁文、宣之际,土方辟,兵方强,国势方张,齐、晋、秦、宋无敢抗颜行,谁能祸楚者,何为而急迫震惧如是之皇皇耶?君子曰:不知其祸,则辱至矣;知其祸,则福至矣。今日之世变,岂特春秋所未有,抑秦、汉以至元、明所未有也。语其祸,则共工之狂、辛有之痛,不足喻也。庙堂旰食,乾惕震厉,方将改弦以调琴瑟,异等以储将相。学堂建,特科设,海内志士,发愤搤捥。于是图救时者言新学,虑害道者守旧学,莫衷於一。旧者因噎而食废,新者歧多而羊亡。旧者不知通,新者不知本。不知通,则无应敌制变之术;不知本,则有非薄名教之心。夫如是,则旧者愈病新,新者愈厌旧,交相为瘉,而恢诡倾危、乱名改作之流,遂杂出其说以荡众心。学者摇摇,中无所主,邪说暴行,横流天下。敌既至无与战,敌未至无与安。吾恐中国之祸,不在四海之外,而在九州之内矣。窃惟古来世运之明晦,人才之盛衰,其表在政,其里在学。不佞承乏两湖,与有教士化民之责,夙夜兢兢,思有所以裨助之者,乃规时势,综本末,著论二十四篇,以告两湖之士。海内君子,与我同志,亦所不隐。

　　内篇务本,以正人心;外篇务通,以开风气。

---

　　①　张之洞(1837—1909),字孝达,号香涛,直隶南皮(今河北南皮)人。晚清名臣、清代洋务派代表人物。主要著作有《劝学篇》《张文襄公全集》等。

内篇九：曰同心。明保国、保教、保种为一义。手足利则头目康，血气盛则心志刚，贤才众多，国势自昌也。曰教忠。陈述本朝德泽深厚，使薄海臣民咸怀忠良，以保国也。曰明纲。三纲为中国神圣相传之至教，礼政之原本，人禽之大防，以保教也。曰知类。闵神明之胄裔，无沦胥以亡，以保种也。曰宗经。周秦诸子，瑜不掩瑕，取节则可，破道勿听，必折衷於圣也。曰正权。辨上下，定民志，斥民权之乱政也。曰循序。先入者为主，讲西学必先通中学，乃不忘其祖也。曰守约。喜新者甘，好古者苦。欲存中学，宜治要而约取也。曰去毒。洋药涤染，我民斯活，绝之，使无萌櫱也。

外篇十五：曰益智。昧者来攻，迷者有凶也。曰游学。明时势，长志气，扩见闻，增才智，非游历外国不为功也。曰设学。广立学堂，储为时用，为习帖括者击蒙也。曰学制。西国之强，强以学校，师有定程，弟有适从，授方任能，皆出其中，我宜择善而从也。曰广译。从西师之益有限，译西书之益无方也。曰阅报。眉睫难见，苦药难尝，知内弊而速去，知外患而豫防也。曰变法。专已袭常，不能自存也。曰变科举。所习所用，事必相因也。曰农工商学。保民在养，养民在教，教农工商，利乃可兴也。曰兵学。教士卒不如教将领，教兵易练，教将难成也。曰矿学。兴地利也。曰铁路。通血气也。曰会通。知西学之精意，通于中学以晓固蔽也。曰非弭兵。恶教逸欲而自毙也。曰非攻教，恶逞小忿而败大计也。二十四篇之义，括之以五知：一知耻。耻不如日本，耻不如土耳其，耻不如暹罗，耻不如古巴。二知惧。惧为印度，惧为越南、缅甸、朝鲜，惧为埃及，惧为波兰。三知变。不变其习，不能变法，不变其法，不能变器。四知要。中学考古非要，致用为要。西学亦有别，西艺非要，西政为要。五知本。在海外不忘国，见异俗不忘亲，多智巧不忘圣。

凡此所说，窃尝考诸中庸而有合焉。鲁，弱国也，哀公问政，而孔子告之曰：好学近乎知，力行近乎仁，知耻近乎勇。终之曰：果能此道矣，虽愚必明，虽柔必强。兹内篇所言，皆求仁之事也；外篇所言，皆求智求勇之事也。夫中庸之书，岂特原心杪忽、校理分寸而已哉！孔子以鲁秉礼而积弱，齐、邾、吴、越皆得以兵侮之，故为此言，以破鲁国臣民之聋聩，起鲁国诸儒之废疾，望鲁国幡然有为，以复文武之盛。然则无学、无力、无耻，则愚且柔；有学、有力，有耻，则明且强。在鲁且然，况以七十万方里之广，四百兆人民之众者哉！吾恐海内士大夫狃于晏安，而不知祸之将及也，故举楚事；吾又恐甘于暴弃，而不复求强也，故举鲁事。易曰：其亡、其亡，系于苞桑。惟知亡，则知强矣。

摘自《中国近代思想家文库：张之洞卷》，中国人民大学出版社，2014年，第282~283页。

3.陈独秀①:
《敬告青年》

　　窃以少年老成,中国称人之语也;年长而勿衰(Keep young while growing old),英美人相勖之辞也;此亦东西民族涉想不同现象趋异之一端欤? 青年如初春,如朝日,如百卉之萌动,如利刃之新发于硎,人生最可宝贵之时期也。青年之于社会,犹新鲜活泼细胞之在人身。新陈代谢,陈腐朽败者无时不在天然淘汰之途,与新鲜活泼者以空间之位置及时间之生命。人身遵新陈代谢之道则健康,陈腐朽败之细胞充塞人身则人身死;社会遵新陈代谢之道则隆盛,陈腐朽败之分子充塞社会则社会亡。

　　准斯以谈,吾国之社会,其隆盛耶? 抑将亡耶? 非予之所忍言者。彼陈腐朽败之分子,一听其天然之淘汰,雅不愿以如流之岁月,与之说短道长,希冀其脱胎换骨也。予所欲涕泣陈词者,惟属望于新鲜活泼之青年,有以自觉而奋斗耳!

　　自觉者何? 自觉其新鲜活泼之价值与责任,而自视不可卑也。奋斗者何? 奋其智能,力排陈腐朽败者以去,视之若仇敌,若洪水猛兽,而不可与为邻,而不为其菌毒所传染也。

　　呜呼! 吾国之青年,其果能语于此乎! 吾见夫青年其年龄,而老年其身体

---

　　① 陈独秀(1879—1942),字仲甫,号实庵,安徽怀宁(今安庆)人。新文化运动的发起者和思想领袖,也是中国共产党最重要的创始人之一、中共早期革命家和领导人。著述收入《独秀文存》《陈独秀文章选编》《陈独秀思想论稿》《陈独秀著作选编》等。

者十之五焉；青年其年龄或身体，而老年其脑神经者十之九焉。华其发，泽其容，直其腰，广其膈，非不俨然青年也；及叩其头脑中所涉想所怀抱，无一不与彼陈腐朽败者为一丘之貉。其始也未尝不新鲜活泼，寖假而为陈腐朽败分子所同化者有之；寖假而畏陈腐朽败分子势力之庞大，瞻顾依回，不敢明目张胆，作顽狠之抗斗者有之。充塞社会之空气，无往而非陈腐朽败焉，求些少之新鲜活泼者，以慰吾人窒息之绝望，亦杳不可得。

循斯现象，于人身则必死，于社会则必亡。欲救此病，非太息咨嗟之所能济，是在一二敏于自觉、勇于奋斗之青年，发挥人间固有之智能，抉择人间种种之思想，——孰为新鲜活泼而适于今世之争存，孰为陈腐朽败而不容留置于脑里，——利刃断铁，快刀理麻，决不作牵就依违之想，自度度人，社会庶几其有清宁之日也。青年乎！其有以此自任者乎？若夫明其是非，以供抉择，谨陈六义，幸平心察之：

自主的而非奴隶的

等一人也，各有自主之权，绝无奴隶他人之权利，亦绝无以奴自处之义务。奴隶云者，古之昏弱对于强暴之横夺，而失其自由权利者之称也。自人权平等之说兴，奴隶之名，非血气所忍受。世称近世欧洲历史为"解放历史"：破坏君权，求政治之解放也；否认教权，求宗教之解放也；均产说兴，求经济之解放也；女子参政运动，求男权之解放也。

解放云者，脱离夫奴隶之羁绊，以完其自主自由之人格之谓也。我有手足，自谋温饱；我有口舌，自陈好恶；我有心思，自崇所信；绝不认他人之越俎，亦不应主我而奴他人；盖自认为独立自主之人格以上，一切操行，一切权利，一切信仰，唯有听命各自固有之智能，断无盲从隶属他人之理。非然者，忠孝节义，奴隶之道德也（德国大哲尼采[Nietzsche]别道德为二类：有独立心而勇敢者曰贵族道德[Morality of Noble]，谦逊而服从者曰奴隶道德[Morality of Slave]）；轻刑薄赋，奴隶之幸福也；称颂功德，奴隶之文章也；拜爵赐第，奴隶之光荣也；丰碑高墓，奴隶之纪念物也。以其是非荣辱，听命他人，不以自身为本位，则个人独立平等之人格，消灭无存，其一切善恶行为，势不能诉之自身意志而课以功过；谓之奴隶，谁曰不宜？立德立功，首当辨此。

进步的而非保守的

不进则退，中国之恒言也。自宇宙之根本大法言之，森罗万象，无日不在演进之途，万无保守现状之理；特以俗见拘牵，谓有二境，此法兰西当代大哲柏格森（H.Bergson）之《创造进化论》（L'Evolution Creatrice）所以风靡一世也。以人事之进化言之，笃古不变之族，日就衰亡；日新求进之民，方兴未已；存亡之数，可以逆睹。矧在吾国，大梦未觉，故步自封，精之政教文章，粗之布帛水火，无一不相形丑拙，而可与当世争衡？

举凡残民害理之妖言，率能征之故训，而不可谓诬，谬种流传，岂自今始！固有之伦理、法律、学术、礼俗，无一非封建制度之遗，持较皙种之所为，以并世之人，而思想差迟，几及千载；尊重廿四朝之历史性，而不作改进之图，则驱吾民于二十世纪之世界以外，纳之奴隶牛马黑暗沟中而已，复何说哉！于此而言保守，诚不知为何项制度文物，可以适用生存于今世。吾宁忍过去国粹之消亡，而不忍现在及将来之民族，不适世界之生存而归削灭也。

呜呼！巴比伦人往矣，其文明尚有何等之效用耶？"皮之不存，毛将焉附？"世界进化，骎骎未有已焉。其不能善变而与之俱进者，将见其不适环境之争存，而退归天然淘汰已耳，保守云乎哉！

进取的而非退隐的

当此恶流奔进之时，得一二自好之士，洁身引退，岂非希世懿德；然欲以化民成俗，请于百尺竿头，再进一步。夫生存竞争，势所不免，一息尚存，即无守退安隐之余地。排万难而前行，乃人生之天职。以善意解之，退隐为高人出世之行；以恶意解之，退隐为弱者不适竞争之现象。欧俗以横厉无前为上德，亚洲以闲逸恬淡为美风，东西民族强弱之原因，斯其一矣。此退隐主义之根本缺点也。

若夫吾国之俗，习为委靡：苟取利禄者，不在论列之数；自好之士，希声隐沦，食粟衣帛，无益于世，世以雅人名士目之，实与游惰无择也。人心秽浊，不以此辈而有所补救，而国民抗往之风，植产之习，于焉以斩。人之生也，应战胜恶社会，而不可为恶社会所征服；应超出恶社会，进冒险苦斗之兵，而不可逃循恶社会，作退避安闲之想。呜呼！欧罗巴铁骑，入汝室矣，将高卧白云何处也？吾愿青年之为孔墨，而不愿其为巢由；吾愿青年之为托尔斯泰与达噶尔（R.Tagore，印度隐遁诗人），不若其为哥伦布与安重根！

世界的而非锁国的

并吾国而存立于大地者，大小凡四十余国，强半与吾有通商往来之谊。加之海陆交通，朝夕千里，古之所谓绝国，今视之若在户庭。举凡一国之经济政治状态有所变更，其影响率被于世界，不啻牵一发而动全身也。立国于今之世，其兴废存亡，视其国之内政者半，影响于国外者恒亦半焉。以吾国近事证之：日本勃兴，以促吾革命维新之局；欧洲战起，日本乃有对我之要求；此非其彰彰者耶？投一国于世界潮流之中，笃旧者固速其危亡，善变者反因以竞进。

吾国自通海以来，自悲观者言之，失地偿金，国力索矣；自乐观者言之，倘无甲午庚子两次之福音，至今犹在八股垂发时代。居今日而言锁国闭关之策，匪独力所不能，亦且势所不利。万邦并立，动辄相关，无论其国若何富强，亦不能漠视外情，自为风气。各国之制度文物，形式虽不必尽同，但不思驱其国于危亡者，其遵循共同原则之精神，渐趋一致，潮流所及，莫之能违。于此而执特别历史国情之说，以冀抗此潮流，是犹有锁国之精神，而无世界之智识。国民而无世界知识，其国将何以图存于世界之中？语云："闭户造车，出门未必合辙。"今之造车者，不但闭户，且欲以《周礼·考工》之制，行之欧美康庄，其患将不止不合辙已也！

实利的而非虚文的

自约翰·弥尔(J.S.Mill)"实利主义"唱道于英,孔特(Comte)之"实验哲学"唱道于法,欧洲社会之制度,人心之思想,为之一变。最近德意志科学大兴,物质文明,造乎其极,制度人心,为之再变。举凡政治之所营,教育之所期,文学技术之所风尚,万马奔驰,无不齐集于厚生利用之一途。一切虚文空想之无裨于现实生活者,吐弃殆尽。当代大哲,若德意志之倭根(R.Eucken),若法兰西之柏格森,虽不以现时物质文明为美备,咸揭橥生活(英文曰 Life,德文曰 Leben,法文曰 La vie)问题,为立言之的。生活神圣,正以此次战争,血染其鲜明之旗帜。欧人空想虚文之梦,势将觉悟无遗。

夫利用厚生,崇实际而薄虚玄,本吾国初民之俗;而今日之社会制度,人心思想,悉自周、汉两代而来,——周礼崇尚虚文,汉则罢黜百家而尊儒重道。——名教之所昭垂,人心之所祈向,无一不与社会现实生活背道而驰。倘不改弦而更张之,则国力莫由昭苏,社会永无宁日。祀天神而拯水旱,诵《孝经》以退黄巾,人非童昏,知其妄也。物之不切于实用者,虽金玉圭璋,不如布粟粪土。若事之无利于个人或社会现实生活者,皆虚文也,诳人之事也。诳人之事,虽祖宗之所遗留,圣贤之所垂教,政府之所提倡,社会之所崇尚,皆一文不值也!

科学的而非想象的

科学者何？吾人对于事物之概念,综合客观之现象,诉之主观之理性而不矛盾之谓也。想象者何？既超脱客观之现象,复抛弃主观之理性,凭空构造,有假定而无实证,不可以人间已有之智灵,明其理由,道其法则者也。在昔蒙昧之世,当今浅化之民,有想象而无科学。宗教美文,皆想象时代之产物。近代欧洲之所以优越他族者,科学之兴,其功不在人权说下,若舟车之有两轮焉。今且日新月异,举凡一事之兴,一物之细,罔不诉之科学法则,以定其得失从违;其效将使人间之思想云为,一遵理性,而迷信斩焉,而无知妄作之风息焉。

国人而欲脱蒙昧时代，羞为浅化之民也，则急起直追，当以科学与人权并重。士不知科学，故袭阴阳家符瑞五行之说，惑世诬民；地气风水之谈，乞灵枯骨。农不知科学，故无择种去虫之术。工不知科学，故货弃于地，战斗生事之所需，一一仰给于异国。商不知科学，故惟识罔取近利，未来之胜算，无容心焉。医不知科学，既不解人身之构造，复不事药性之分析，菌毒传染，更无闻焉；惟知附会五行生克寒热阴阳之说，袭古方以投药饵，其术殆与矢人同科；其想象之最神奇者，莫如"气"之一说，其说且通于力士羽流之术；试遍索宇宙间，诚不知此"气"之果为何物也！

凡此无常识之思，惟无理由之信仰，欲根治之，厥维科学。夫以科学说明真理，事事求诸证实，较之想象武断之所为，其步度诚缓，然其步步皆踏实地，不若幻想突飞者之终无寸进也。宇宙间之事理无穷，科学领土内之膏腴待辟者，正自广阔。青年勉乎哉！

摘自《陈独秀文选》，四川文艺出版社，2009年，第15~19页。

4.陈独秀:
《再论孔教问题》

　　吾国人学术思想不进步之重大原因,乃在持论笼统,与辨理之不明。近来孔教问题之纷呶不决,亦职此故。余故于发论之先,敢为读者珍重申明之。

　　第一,余之信仰。人类将来真实之信解行证,必以科学为正轨,一切宗教,皆在废弃之列;其理由颇繁,姑略言之。盖宇宙间之法则有二:一曰自然法,一曰人为法。自然法者,普遍的,永久的,必然的也,科学属之;人为法者,部分的,一时的,当然的也,宗教道德法律皆属之。无食则饥,衰老则死,此全部生物永久必然之事,决非一部分一时期当然遵循者。若夫礼拜耶和华,臣殉君,妻殉夫,早婚有罚,此等人为之法,皆只行之一国土一时期,决非普遍永久必然者。人类将来之进化,应随今日方始萌芽之科学,日渐发达,改正一切人为法则,使与自然法则有同等之效力,然后宇宙人生,真正契合。此非吾人最大最终之目的乎?或谓宇宙人生之秘密,非科学所可解,决疑释忧,厥惟宗教。余则以为科学之进步,前途尚远。吾人未可以今日之科学自画,谓为终难决疑。反之,宗教之能使人解脱者,余则以为必先自欺,始克自解,非真解也。真能决疑,厥惟科学。故余主张以科学代宗教,开拓吾人真实之信仰,虽缓终达。若迷信宗教以求解脱,直"欲速不达"而已!

　　复次,则论孔教。夫"孔教"二字,殊不成一名词。中国旧说中,惟阴阳家言,属于宗教。墨家明鬼,亦尚近之。儒以道得民,以六艺为教。孔子,儒者也。孔子以前之儒,孔子以后之儒,均以孔子为中心。其为教也,文行忠信,不论生死，不语鬼神。其称儒行于鲁君也，皆立身行己之事，无一言近于今世之所谓宗教者。孔教名词，起源于南北朝三教之争。其实道家之老子与儒家之孔子，均非教主。其立说之实质，绝无宗教家言也。夫孔教之名词既不能成立，强欲定孔教为国教者，讵非妄人？相传有二近视者，因争辩匾额字画之是非，至于互斗，明眼人自旁窃笑，盖并匾额而无之也。今之主张孔教者，亦无异于是！

假令从社会之习惯，承认孔教或儒教为一名词，亦不可牵入政治，垂之宪章。盖政教分途，已成公例，宪法乃系法律性质，全国从同，万不能涉及宗教道德，使人得有出入依违之余地。此蔡孑民先生所以谓"孔子是孔子，宗教是宗教，国家是国家，义理各别，勿能强作一谈"也。蔡先生不反对孔子，更不绝对反对宗教，此余之所不同也。其论孔子、宗教、国家，三者性质绝异，界限分明，不能强合，此余之所同也。孔教而可定为国教，加入宪法，倘发生效力，将何以处佛、道、耶、回诸教徒之平等权利？倘不发生效力，国法岂非儿戏？政教混合，将以启国家无穷之纷争。孔子之道，可为修身之大本，定入宪法，则先于孔子之尧、舜、禹、汤、文、武、周公之道，后于孔子之杨、墨、孟、荀、程、朱、陆、王之道，何一不可为修身之大本？乌可一言而决者？其纷争又岂让于教祸？

或谓国教诚不可有，孔子亦非宗教家，惟孔门修身之道，为吾国德教之源，数千年人心所系，一旦摈弃，重为风俗人心之患，故应定入宪法以为教育之大方针。余对此说，有三疑问，以求解答：

（1）孔门修身伦理学说，是否可与共和立宪政体相容？儒家礼教是否可以施行于今世国民之日用生活？

（2）宪法是否可以涉及教育问题及道德问题？

（3）万国宪法条文中，有无人之姓名发现？

倘不能解答此三种疑问，则宪法中加入孔道修身之说，较之定孔教为国教，尤为荒谬！因国教虽非良制，而尚有先例可言。至于教育应以何人之说为修身大本，且规定于宪法条文中，可谓为万国所无之大笑话！国会议员中，竟有多数人作此毫无知识之主张者，无惑乎解散国会之声盈天下也！余辈对于科学之信仰，以为将来人类达于觉悟获享幸福必由之正轨，尤为吾国目前所急需，其应提倡尊重之也，当然在孔教、孔道及其他宗教哲学之上。然提倡之，尊重之，可也，规定于宪法，使人提倡之，尊重之，则大不可。宪法纯然属于法律范围，不能涉及教育问题，犹之不能涉及实业问题，非以教育实业为不重也；不能以法律规定尊重孔子之道，犹之不能以法律规定尊重何种科学，非以孔道、科学为不重也。至于孔子之道，不能为共和国民修身之大本，尚属别一问题。宪法中不能规定以何人之道为修身大本，固不择孔子与卢梭也。岂独反对民权共和之孔道不能定入宪法以为修身之大本？即提倡民权共和之学派，亦不能定入宪法以为修身之大本。盖法律与宗教教育，义各有畔，不可相乱也。

今之反对国教者，无不持约法中信教自由之条文以为戈矛。都中近且有人发起"信教自由会"，以鼓吹舆论。余固以为合理，而于事实则犹有未尽者。何以言之？中国文庙遍于郡县，春秋二祀，官厅学校，奉行日久，盖俨然国教也。而信仰他教者，政府亦未尝加以迫害或禁止。即令以孔教为国教，定入宪法，余料各科并行，仍未必有所阻害。故余以为各教信徒，对于政府所应力争者，非人民信教自由之权利，乃国家待遇各教平等之权利也。国家收入，乃全国人民公共之担负，非孔教徒独立之担负。以国费立庙祀孔，亦当以国费建寺院祀佛道，建教堂祀耶、回；否则一律不立庙，不致祭，国家待遇各教，方无畸重畸轻之罪戾。各教教徒对于国家担负平等，所享权利亦应平等，必如是而后教祸始不酝酿于国中。由斯以谈，非独不能以孔教为国教，定入未来之宪法，且应毁全国已有之孔庙而罢其祀！

摘自《陈独秀文选》，四川文艺出版社，2009年，第65~67页。

5.杜亚泉①:
《对于未来世界之准备如何》(节选)

　　人生斯世,劳心劳力,其目的不出二途:一为支持现在生活,二为准备未来生活。只知现在生活而不准备未来生活者,惟浪子与乞丐而已。其余之人,则皆亟亟准备未来生活,常较诸现在生活,尤为置重。近时青年男女,出洋游学,以求外国学校之高等学位,试问彼等胡为者? 工商事业家,奔走都会,筹设公司,创立工厂,欲作一新式之资本家,试问彼等胡为者? 官僚、武人及其他之高等游民,皆贪婪而不知饱,争夺而不知止,不恤绝全国之命脉,以作犹太富人,试问彼等又胡为者? 吾得质而言之曰:彼等之目的,皆准备未来生活也。

　　夫彼等既以准备未来生活为目的,则吾将进而质问彼等,未来之世界固如何? 吾知彼等观念中,必以为未来世界,不过继续现世界之形势,且益益进步而已。呜呼! 现世界之形势,固尚可继续,且加以进步耶? 吾敢大胆直言以断定之曰:彼等之观念实误,故彼等之准备亦误。

　　现世界之形势,自其显著于表面者言之,纵有国家战争,横有阶级战争(如俄国之劳农会与有产阶级),杀人如麻,挥金如土,长此以往,去世界末日殆已不远。虽此种战争无论如何持久,终有恢复和平之日,衡论世事者,不能以一时偶发之战争为标准。然今日之战争,实非一时偶发者,其潜伏于内面

---

　　① 杜亚泉(1873—1933),字秋帆,号亚泉,会稽伧塘(今属浙江绍兴)人。近代著名科普出版家、翻译家。著有《人生哲学》《博史》《杜亚泉文选》等,译有叔本华《处世哲学》等。

者,有深远之原因。所谓国家战争、阶级战争,其原因皆起于同一之经济关系,此固世人之所公认者。故经济关系不改良,则虽战争之现象即刻终止,而战争之原因依然存在。第二次之大爆发,其期日殆不能甚远。某君曾谓:"现世界经济制度,如建倒立之塔,初建数层,其势已危,乃以绳架防护维系之(绳架譬之政治、法律及武力等),而更建数层于上,其势益危,则益益施以防维,如此层层而上,防维愈固,建筑愈高,危险亦愈甚,而其终必有倒之一日。"此为现世界形势最浅明之譬喻,而此形势之不能继续且加以进步,亦可以恍然矣。

社会主义者,以现世界之经济制度根本错误,致生产分配不均,贫富悬隔太甚,过激者因而欲废弃地主、资本家之特权,将一切生产匀配于劳动者之手。此等均富之说、共产之论,骇人听闻,予辈殊不欲效其口吻,第其所揭示现世界经济制度之破绽,实已确不可盖掩。自科学与机械进步以来,人类能以仅少之劳力成多额之生产,当十九世纪之初,已有人统计,"五十年前须六十万人劳力而得之生产,在其时仅以二千五百人得而成之"。今距其时更逾百年,此比例当又增若干倍,即使仍以其时之比例为准,则一人之劳力已得成五十年前二百五十倍之生产焉。使世界生产之增加可以无有限制,则人人得出其劳力以享用二百五十倍于从前之生产,其为人类幸福,诚无涯际。无如土地与资本不能随劳力而俱增,劳力增大时,土地与资本之需要自亟。于是六十万人中仅有一二地主、资本家得吸收此五十年前六十万人劳力所成之生产,其余则少数之二千五百人受地主、资本家之佣雇者,得使用其劳力以分取其生产之一部,随其劳力之巧拙以为分取之多寡,较之五十年前之所得,或增数十倍焉,或增十数倍焉,或增数倍焉,或无所增焉。其多数之五十九万七千五百人,或无土地、资本以使用其劳力,则不能从事于生产,或仅有少额之土地、资本,而为大地主、大资本家之所迫压,所得生产乃不足以酬其劳力。故在科学家、机械家,方以二千五百人能成六十万人之生产诩为莫大之功绩者,自社会主义者言之,则五十九万七千五百人之事业为二千五百人所猎夺(西人每谓科学、机械进步,则工商业兴盛,失业者自寡,此就一地方或一国家内言之,他地方他国家内之事业,为其所猎夺,则彼固未计也),二千五百人之生产又为一二地主、资本家所占领,认为莫大之罪恶也(欧美社会党不反对科学与机械,惟求匀配其生产而已,我国儒家则对于科学与机械,斥为奇伎淫巧而禁止之,黄老派尤甚)。夫少数之人既能成多额之生产,则其所生产者一部分,系供少数人奢侈浪费之用,又一部分则为市场之投机品,乃为少数人之利益而生产,非为多数人之需要而生产者。故多数人之衣食虽缺乏,而奢侈品及投机品则生产无度,充斥市场,积而不通,资本将不能周转,于是寻求新贩路,开拓殖民地,建设大帝国,遂以生产过剩为国家战争之原因。多数之人既不能用其劳力于生产,或生产不足偿其劳力,因而生活困难,老弱者以疾病苦痛陷于死亡,其不甘于即死者则为盗贼、无赖,劫夺他人之生产,较有知识学力者则流而为过激派,为无政府党,蓄意破坏社会现状,以求苏其贫困,此以劳力过剩为阶级战争之原因。(因劳力过剩发生阶级战争,此就全世界言,非就欧美一局部言也。欧美事业兴盛,人口增殖不繁,劳力过剩不如吾国之甚,故劳动者能与地主、资本家维持对抗之形势,阶级战争乃显著。吾国科学、机械虽不发达,而旧有事业大半为工业国所夺,故劳力过剩甚于欧美,表面上不显阶级战争,实则阶级战争甚烈,土匪流寇,皆失业之民所啸聚以破坏社会现状者。欧美之阶级战争为二千五百之劳力者与一二地主、资本家之争,吾国之阶级战争乃五十九万七千五百之失业者强夺少数有业者之生产也。)总之,现世纪中一切内乱外患及其他破坏秩序伤害道德蔑绝人道之事莫不由于经济制度不良而起,社会主义者之著作中言之其详无庸赘述。

　　上述社会主义者所揭示现世界经济制度之破绽,世人殆不能不承认之,然世人之意见,往往以为生存竞争优胜劣败为自然界进化之原则,人类社会中决无真实之平等,亦决无永久之和平,国家战争与阶级战争终为事实上所不能避免。故现世界经济制度之破绽,实无可弥缝,且亦无须弥缝者。此等意见,吾人未尝不赞成之,果使经济上之自由竞争可以极端贯彻其主义,则吾人亦何必以煦煦之仁为良心上之激刺? 无如自由竞争达于一定限度以后,必与一极大之障碍物相遇,此障碍物为何? 在吾国无固有之名词,就外国名词译其意义,则曰生存权(Right to existence)。生存权者,即人类各有应得生存于世上之权利也。此权利思想在十九世纪初年之政治哲学中,论之者最多,其时法拿破仑与英争战,人民困穷,遂发生此思想,著名之学说谓:"人之所有权利中,有因有政府而后起者,是为人为权利,如财产之不可侵权是也。虽无政府而既已为人,则当然有其权利,是为自然权。自然权中最首要者;即人可取自然界之动植物以养其生命之权利。此权利受人为权之抑制而至于除死无法时则得实行其自然权中一种生存权以继续其生存。"吾国人于此项权利,习惯上确实承认,如水旱偏灾之救济,贫困无告者之周恤,流亡失业者之收养,政府官吏及地方绅富皆有应尽之义务。此种义务,其相对之权利为何? 即所谓生存权者是也。曾忆曩年某地水灾,饥民聚众抢米,地方官吏无法处置,以其地方习惯,饥民若仅仅抢米而不抢及他物,则不能以强盗罪之,此即含有生存权重于财产权之意义。盖生存权为人所有之先天的权利,非后起的法律上所规定之财产权得而夺之也。英美派之法律虽有财产权重于生存权之倾向,然习惯上亦承认此权利之存在,如伦敦面包铺,每晨必备若干面包,以应贫民之食而不能付值者;上海英租界中业包饭者,担残余之食物,行经马路,贫民攫食,习惯上不加抗拒。凡此琐事,皆足以证明生存权在世界之社会习惯中实具有若干之势力,而与现世界自由竞争之原则相抵触。自由竞争既达极限以后,多数之人将不能保其生存,则此生存权必于社会中忽现伟大之势力。近时欧洲交战各国,皆厉行食料限制之政策,各人食物皆有一定之制限,虽贵族富豪,其食料不能不与齐民相等,间有限制及于衣被靴鞋及日用品者(德国服装限止令,除军服外不许用毛布,不准著皮靴,履皆木制,衣皆纸制。据美人自德逃归者之记述,柏林市中,无人不著白色纸衣,全市服装,概归一致)。此种政策,即限制个人不得凭借其经济上之势力以绝他人之衣食,即为承认生存权之显著事实。据外报之所揣测,则此种限制之政策,战后必将继续施行,最近日本米价暴腾,大阪、西京、神户、广岛各处暴徒蜂起,政府派兵弹压,一面劝诱出粜,禁止屯积,筹拨巨款以平米价,日本人中亦颇有主张仿欧美现行制度,减食禁酒,布衣服限制令,制定奢侈税者。吾人静观世态,已觉有多数文明国家受此生存权之支配,虽我同政治家方以拥兵耀武为职志,对于地方之天灾人祸曾不足以稍动其心,似我国之民独不能主张生存权以自保其生存。然自又一方面观之,则我国胡为豢养如许之军队?胡为吸全国之膏血以奉之?亦以无产失业者之多,不得不以此为安抚流亡之计,则亦隐然受生存权之支配焉。总之,自由竞争者,纵容少数人猎夺多数人之生产,以绝多数人之生计,而生存权者不许少数人占有多数人之衣食,以害多数人之生存。此两种法则若矛盾之相反,当自由竞争过于烈剧时,则生存权必崛起而与之相抗,使不得极端贯彻其主义焉。

均富共产之社会主义,非吾人所乐于唱导,而生存权之行使于社会,则为显著之事实,非吾人所能否认者,且将来社会益益为此权力所支配,亦为吾人所深信。(各国之战后经营,必以自给自足为主。生产方面,必不许自由竞争,随少数之意见,以产出多额之奢侈品与投机品,必先统计国内须食料品若干,须衣被靴鞋及日用品若干,以为生产之标准,其政策主旨,必在限制少数人之浪费,以供给多数人之需要,故食料限制日用品限制,战后必仍继续施行。)果使生存权之势力支配于社会,则其结果必至不均富而均富,不共产而共产,富者贵者不得不与贫者贱者同食其个人分内应得之食物,同用其个人分内应得之用品,此时之人类,将如今日之学生,著同式之制服,居于同一之宿舍,列于同一之食桌(英人威尔逊氏著《将来之发现》谓此种景象百年内必可达到),此殆专指欧美社会言,全世界人类到此地步,或尚须时日、则富者贵者或且自悟其富贵之无用,有时反足为累,转而要求均富,要求共产,未可知也。论世者每谓十八世纪为卢骚世界,十九世纪为达尔文世界,二十世纪为托尔斯泰世界,斯言即不堪尽信,不能谓其全无影响矣。

摘自《中国近代思想家文库:杜亚泉卷》,中国人民大学出版社,2014年,第458~462页。

6.胡适①:
《论国故学》

……张君的大病是不解"国故学"的性质,如他说的:

使国人之治之者尚众,肯推已知而求未知,为之补苴罅漏,张皇幽眇,使之日新月异,以应时势之需,则国故亦方生未艾也。

"补苴罅漏,张皇幽眇",还可说得过去。"使之……应时势之需",便是大错,便是完全不懂"国故学"的性质。"国故学"的性质不外乎要懂得国故,这是人类求知的天性所要求的。若说是"应时势之需",便是古人"通经而致治平"的梦想了。

你驳他论"声韵学"一段,很是。自顾亭林以来至于今日,声韵学的成绩只是一部不曾完全的"古音变迁史"。请问知道"古无轻唇音"一条通例,于"将来之声音究竟如何"一个大问题有何帮助?难道我们就可以推知现在所剩的重唇音将来都会变成轻唇音吗?但是你的主张,也有一点太偏了的地方。如说:

我们把国故整理起来,世界的学术界亦许得着一点益处,不过一定是没有多大的。……世界所有的学术,比国故更有用的有许多,比国故更要紧的亦有许多。

---

① 胡适(1891—1962),原名嗣穈,字希疆,笔名胡适,字适之,安徽绩溪人。著名思想家、文学家、哲学家,以倡导"白话文"、领导新文化运动闻名于世。主要著作有《中国哲学史大纲》(上)、《尝试集》、《白话文学史》(上)和《胡适文存》(四集)等。

　　我以为我们做学问不当先存这个狭义的功利观念。做学问的人当看自己性之所近，拣选所要做的学问，拣定之后，当存一个"为真理而求真理"的态度。研究学术史的人更当用"为真理而求真理"的标准去批评各家的学术。学问是平等的。发明一个字的古义，与发现一颗恒星，都是一大功绩。

　　况且现在整理国故的必要实在很多。我们应该尽力指导"国故家"用科学的研究法去做国故的研究，不当先存一个"有用无用"的成见，致生出许多无谓的意见。你以为何如？

　　还有一层意思，你不曾发挥得尽致。清朝的"汉学家"所以能有国故学的大发明者，正因为他们用的方法无形之中都暗合科学的方法。钱大昕的古音之研究，王引之的《经传释词》，俞樾的《古书疑义举例》，都是科学方法的出产品。这还是"不自觉的"（Unconscious）科学方法，已能有这样的成绩了。我们若能用自觉的科学方法加上许多防弊的法子，用来研究国故，将来的成绩一定更大了。这种说法，似乎更动听一点，你以为何如？

　　我前夜把《汉学家的科学方法》一文做完寄出。这文的本意，是要把"汉学家"所用的"不自觉的"方法变为"自觉的"。方法"不自觉"，最容易有弊。如科学方法最浅最要的一部分就是"求否定的例"（Negative instances or exceptions）。顾亭林讲《易》音，把《革》传"炳，蔚，君"三字轻轻放过不题，《未济》传"极，正"二字，亦然。这便不是好汉。钱大昕把这两个例外也寻出"韵"来，方才使顾氏的通例无有否定的例。若我们有自觉的方法，处处存心防弊，岂不更圆满吗？

　　摘自《胡适文集》（第2卷），北京大学出版社，1998年，第327~328页。

7.鲁迅①:
《文化偏至论》(节选)

　　中国既以自尊大昭闻天下,善诋諆者,或谓之顽固;且将抱守残阙,以底于灭亡。近世人士,稍稍耳新学之语,则亦引以为愧,翻然思变,言非同西方之理弗道,事非合西方之术弗行,掊击旧物,惟恐不力,曰将以革前缪而图富强也。间尝论之:昔者帝轩辕氏之戡蚩尤而定居于华土也,典章文物,于以权舆,有苗裔之繁衍于兹,则更改张皇,益臻美大。其蠢蠢于四方者,胥蕞尔小蛮夷耳,厥种之所创成,无一足为中国法,是故化成发达,咸出乎己而无取乎人。降及周秦,西方有希腊、罗马起,艺文思理,灿然可观,顾以道路之艰,波涛之恶,交通梗塞,未能择其善者以为师资。泊元、明时,虽有一二景教父师,以教理暨历算质学干中国,而其道非盛。

　　故迄于海禁既开,晰人踵至之顷,中国之在天下,见夫四夷之则效上国,革面来宾者有之;或野心怒发,狡焉思逞者有之;若其文化昭明,诚足以相上下者,盖未之有也。屹然出中央而无校雠,则其益自尊大,宝自有而傲睨万物,固人情所宜然,亦非甚背于理极者矣。虽然,惟无校雠故,则宴安日久,苓落以胎,迫拶不来,上征亦辍,使人荼,使人屯,其极为见善而不思式。有新国林起于西,以其殊异之方术来向,一施吹拂,块然踣傹,人心始自危,而轮才小慧

────────────

　　① 鲁迅(1881—1936),原名周树人,字豫才,浙江绍兴人。著名文学家、思想家,五四新文化运动的重要参与者,中国现代文学的奠基人。代表作品有《呐喊》《彷徨》《朝花夕拾》《野草》《华盖集》和《中国小说史略》等。

之徒，于是竞言武事。后有学于殊域者，近不知中国之情，远复不察欧美之实，以所拾尘芥，罗列人前，谓钩爪锯牙，为国家首事，又引文明之语，用以自文，征印度波兰，作之前鉴。夫以力角盈绌者，于文野亦何关？远之则罗马之于东西戈尔，迩之则中国之于蒙古、女真，此程度之离距为何如，决之不待智者。然其胜负之数，果奈何矣？苟曰是惟往古为然，今则机械其先，非以力取，故胜负所判，即文野之由分也。则曷弗启人智而开发其性灵，使知罟获戈矛，不过以御豺虎，而喋喋誉白人肉攫之心，以为极世界之文明者又何耶？且使如其言矣，而举国犹屝，授之巨兵，奚能胜任，仍有僵死而已矣。嗟夫，夫子盖以习兵事为生，故不根本之图，而仅提所学以干天下；虽兜牟深隐其面，威武若不可陵，而干禄之色，固灼然现于外矣！计其次者，乃复有制造商估立宪国会之说。前二者素见重于中国青年间，纵不主张，治之者亦将不可缕数。

　　盖国若一日存，固足以假力图富强之名，博志士之誉，即有不幸，宗社为墟，而广有金资，大能温饱，即使怙恃既失，或被虐杀如犹太遗黎，然善自退藏，或不至于身受；纵大祸垂及矣，而幸免者非无人，其人又适为己，则能得温饱又如故也。若夫后二，可无论已。中较善者，或诚痛乎外侮迭来，不可终日，自既荒陋，则不得已，姑拾他人之绪余，思鸠大群以抗御，而又飞扬其性，善能攘扰，见异己者兴，必借众以陵寡，托言众治，压制乃尤烈于暴君。此非独于理至悖也，即缘救国是图，不惜以个人为供献，而考索未用，思虑粗疏，茫未识其所以然，辄皈依于众志，盖无殊痼疾之人，去药石摄卫之道弗讲，而乞灵于不知之力，拜祷稽首于祝由之门者哉。至尤下而居多数者，乃无过假是空名，遂其私欲，不顾见诸实事，将事权言议，悉归奔走干进之徒，或至愚屯之富人，否亦善垄断之市侩，特以自长营撖，当列其班，况复掩自利之恶名，以福群之令誉，捷径在目，斯不惮竭蹶以求之耳。

　　呜呼，古之临民者，一独夫也；由今之道，且顿变而为千万无赖之尤，民不堪命矣，于兴国究何与焉。顾若而人者，当其号召张皇，盖蔑弗托近世文明为后盾，有佛戾其说者起，辄谥之曰野人，谓为辱国害群，罪当甚于流放。第不知彼所谓文明者，将已立准则，慎施去取，指善美而可行诸中国之文明乎，抑成事旧章,咸弃捐不顾,独指西方文化而为言乎?物质也,众数也,十九世纪末叶文明之一面或在兹,而论者不以为有当。盖今所成就,无一不绳前时之遗迹,则文明必日有其迁流,又或抗往代之大潮,则文明亦不能无偏至。诚若为今立计,所当稽求既往,相度方来,掊物质而张灵明,任个人而排众数。人既发扬踔厉矣,则邦国亦以兴起。奚事抱枝拾叶,徒金铁国会立宪之云乎?夫势利之念昌狂于中,则是非之辨为之昧,措置张主,辄失其宜,况乎志行污下,将借新文明之名,以大遂其私欲者乎?是故今所谓识时之彦,为按其实,则多数常为盲子,宝赤菽以为玄珠,少数乃为巨奸,垂微饵以冀鲸鲵。即不若是,中心皆中正无瑕玷矣,于是拮据辛苦,展其雄才,渐乃志遂事成,终致彼所谓新文明者,举而纳之中国,而此迁流偏至之物,已陈旧于殊方者,馨香顶礼,吾又何为若是其芒芒哉!是何也?曰物质也,众数也,其道偏至。根史实而见于西方者不得已:横取而施之中国则非也。

摘自《鲁迅全集》(第1卷),人民文学出版社,1973年,第38~41页。

三

科玄之争与文化论战

1.陈独秀：
《科学与人生观》序(节选)

　　亚东图书馆汇印讨论科学与人生观的文章,命我作序,我方在病中而且无事,却很欢喜的做这篇序。

　　第一,因为文化落后的中国,到现在才讨论这个问题,(文化落后的俄国前此关于这问题也有过剧烈的讨论,现在他们的社会科学进了步,稍懂得一点社会科学门径的人,都不会有这种无常识的讨论了,和我们中国的知识阶级现在也不至于讨论什么天圆地方、天动地静、电线是不是蜘蛛精这等问题一样。)而却已开始讨论这个问题,进步虽说太缓,总算是有了进步;只可惜一班攻击张君劢、梁启超的人们,表面上好像是得了胜利,其实并未攻破敌人的大本营,不过打散了几个支队,有的还是表面上在那里开战,暗中却已投降了(如范寿康先天的形式说,及任叔永人生观的科学是不可能说)。就是主将丁文江大攻击张君劢唯心的见解,其实他自己也是以五十步笑百步,这是因为有一种可以攻破敌人大本营的武器,他们素来不相信,因此不肯用。"科学何以不能支配人生观",敌人方面却举出一些似是而非的证据出来;"科学何以能支配人生观",这方面却一个证据也没举出来。我以为不但不曾得着胜利,而且几乎是卸甲丢盔的大败战,大家的文章写得虽多,大半是"下笔千言离题万里",令人看了好像是"科学概论讲义",不容易看出他们和张君劢的争点究竟是什么,张君劢那边离开争点之枝叶更加倍之多,这乃一场辩论的最大遗憾!

第二，因为适之最近对我说，"唯物史观至多只能解释大部分的问题"，经过这回辩论之后，适之必能百尺竿头更进一步！

因为这两个缘故，我很欢喜的做这篇序。数学、物理学、化学等科学，和人生观有什么关系，这问题本不用着讨论。可是后来科学的观察、分类说明等方法应用到活动的生物，更应用到最活动的人类社会，于是便有人把科学略分为自然科学与社会科学二类。社会科学中最主要的是经济学、社会学、历史学、心理学、哲学（这里所指是实验主义的及唯物史观的人生哲学，不是指本体论、宇宙论的玄学，即所谓形而上的哲学）。

这些社会科学，不用说和那些自然科学都还在幼稚时代，然即是幼稚，已经有许多不可否认的成绩，若因为还幼稚便不要他，我们不必这样蠢。自然科学已经说明了自然界许多现象，这是我们不能否认的；社会科学已经说明了人类社会许多现象，这也是我们不能否认的。自然界及社会都有他的实际现象。科学家说明得对，他原来是那样；科学家说明得不对，他仍旧是那样；玄学家无论如何胡想乱说，他仍旧是那样；他的实际现象是死板板的，不是随着你们唯物论唯心论改变的。哥白尼以前，地球原来在那里绕日而行，孟轲以后，渐渐变成了无君的世界；科学的说明能和这死板板的实际一一符合，才是最后的成功。我们所以相信科学（无论自然科学或社会科学）也就是因为"科学家之最大目的，曰摈除人意之作用，而一切现象化之为客观的，因而可以推算，可以穷其因果之相生"（张君劢语），必如此而后可以根据实际寻求实际，而后可以说明自然界及人类社会死板板的实际，和玄学家的胡想乱说不同。

人生观和（社会）科学的关系是很显明的，为什么大家还要讨论？哈哈！就是讨论这个问题之本身，也可以证明人生观和科学的关系之深了。孔德分人类社会为三时代，我们还在宗教迷信时代。你看全国最大多数的人，还是迷信、巫鬼、符咒、算命、卜卦等超物质以上的神秘；次多数像张君劢这样相信玄学的人，旧的士的阶级全体，新的士的阶级一大部分皆是，像丁在君这样相信科学的人，其数目几乎不能列入统计。现在由迷信时代进步到科学时代,自然要经过玄学先生的狂吠,这种社会的实际现象,想无人能够否认。倘不能否认,便不能不承认孔德三时代说是社会科学上一种定律。这个定律便可以说明许多时代、许多社会、许多个人的人生观之所以不同。譬如张君劢是个饱学秀才,他一日病了,他的未尝学问的家族要去求符咒仙方,张君劢立意要延医诊脉服药;他的朋友丁在君方从外国留学回来,说汉医靠不住,坚劝他去请西医,张君劢不但不相信,并说出许多西医不及汉医的证据;两人争持正烈的时候,张君劢的家族说,西医、汉医都靠不住,还是符咒仙方好。他们如此不同的见解,也便是他们如此不同的人生观,他们如此不同的人生观,都是他们所遭客观的环境造成的,决不是天外飞来主观的意志造成的,这本是社会科学可以说明的,决不是形而上的玄学可以说明的。

张君劢举出九项人生观,说都是主观的,起于直觉的、综合的、自由意志的,起于人格之单一性的,而不为客观的、论理的、分析的、因果律的科学所支配。今就其九项人生观看起来:

第一,大家族主义和小家族主义,纯粹是由农业经济宗法社会进化到工业经济军国社会之自然的现象。

第二,男女尊卑及婚姻制度,也是由于农业宗法社会亲与夫都把子女及妻当作生产工具,当作一种财产,到了工业社会,家庭手工已不适用,有了雇工制度,也用不着拿家族当生产工具,于是女权运动自然会兴旺起来。

第三,财产公有私有制度,在原始共产社会,人弱于兽,势必结群合作,原无财产私有之必要与可能(假定有人格之单一性的张先生,生在那个社会,他的主观,他的直觉,他的自由意志,忽然要把财产私有起来,怎奈他所得的果物兽肉无地存储,并没有防腐的方法,又不能变卖金钱存在银行,结果恐怕只有放弃他私有财产的人生观);到了农业社会,有了一定的住所,有了仓库,谷物又比较的易于保存,独立生产的小农,只有土地占有的必要,没有通力合作的必要,私有财产观念,是如此发生的。到了工业社会,家庭的手工的独立生产制已不能存立,成千成万的人组织在一个通力合作的机关之内,大家无工做便无饭吃,无工具便不能做工,大家都没有生产工具,生产工具已为少数资本家私有了，非将生产工具收归公有，大家只好卖力给资本家，公有财产观念，是如此发生的。

第四，守旧维新之争持，乃因为现社会有了经济的变化，而与此变化不适应的前社会之制度仍旧存在，束缚着这变化的发展，于是在经济上利害不同的阶级，自然会随着变化之激徐，或激或徐的冲突起来。

第五，物质精神之异见，少数人因为有他的特殊环境，一般论起来，慢说工厂里体力工人了，就是商务印书馆月薪二三十元的编辑先生，日愁衣食不济，哪有如许闲情像张君劢、梁启超高谈什么精神文明东方文化。

第六，社会主义之发生，和公有财产制是一事。

第七，人性中本有为我利他两种本能，个人本能发挥的机会，乃由于所遭环境及所受历史的社会的暗示之不同而异。

第八，悲观、乐观见解之不同，亦由于个人所遭环境及所受历史的社会的暗示而异，试观各国自杀的统计不但自杀的原因都是环境使然，而且和年龄、性别、职业、季节等都有关系。

第九，宗教思想之变迁，更是要受时代及社会势力支配的。各民族原始的宗教，依据所传神话，大都是崇拜太阳、火、高山、巨石、毒蛇、猛兽等的自然教；后来到了农业经济宗法社会，族神祖先农神等多神教遂至流行；后来商业发达，随着国家的统一运动，一神教遂至得势；后来工业发达，科学勃兴，无神非宗教之说随之而起；即在同一时代，各民族各社会产业进化之迟速不同，宗教思想亦随之而异，非洲、美洲、南洋蛮族，仍在自然宗教时代，中国、印度，乃信多神，商工业发达之欧美，多奉基督；使中国圣人之徒生于伦敦，他也要奉洋教，歌颂耶和华；使基督信徒生在中国穷乡僻壤，他也要崇拜祖宗与狐狸。

以上九项种种不同的人生观都为种种不同客观的因果所支配，而社会科学可一一加以分析的论理的说明，找不出哪一种是没有客观的原因，而由于个人主观的直觉的自由意志凭空发生的。

梁启超究竟比张君劢高明些，他说："君劢列举'我对非我'之九项，他以为不能用科学方法解答者，依我看来，十有八九倒是要用科学方法解答。"梁启超取了骑墙态度，一面不赞成张君劢，一面也不赞成丁在君，他自己的意见是："人生问题，有大部分是可以——而且必要用科学方法来解决的。却有一小部分——或者还是最重要的部分是超科学的。"他所谓大部分是指人生关涉理智方面的事项，他所谓一小部分是指关于情感方面的事项。他说："既涉到物界，自然为环境上——时间空间——种种法则所支配。"理智方面事项，固然不离物界，难道情感方面事项不涉到物界吗？

感官如何受刺激，如何反应，情感如何而起，这都是极普通的心理学。关于情感超科学这种怪论，唐钺已经驳得很明白。

但是唐钺驳梁启超说："我们论事实的时候，不能羼入价值问题。"而他自己论到田横事件，解释过于浅薄，并且说出"没有多大价值"的话，如此何能使梁启超心服！

其实孝子割股疗亲，程婴、杵臼代人而死，田横、乃木自杀等主动，在社会科学家看起来，无所谓忧不忧，无所谓合理不合理，无所谓有价值无价值，无所谓不可解，无所谓神秘，不过是农业的宗法社会封建时代所应有之人生观。

这种人生观乃是农业的宗法社会封建时代之道德传说及一切社会的暗示所铸而成，试问在工业的资本主义社会，有没有这样举动，有没有这样情感，有没有这样的自由意志？

范寿康也是一个骑墙论者，他主张科学是指广义的科学，他主张科学决不能解决人生问题的全部。他说："人生观一部分是先天的，一部分是后天的。先天的形式是由主观的直觉而得，决不是科学所能干涉。后天的内容应由科学的方法探讨而定，决不是主观所应妄定。"他所谓先天的形式，即指良心命令人类做各人所自认为善的行为。

什么先天的形式，什么良心，什么直觉，什么自由意志，一概都是生活状况不同的各时代各民族之社会的暗示所铸而成。一个人生在印度婆罗门家，自然不愿意杀人，他若生在非洲酋长家，自然以多杀为无上荣誉；一个女子生在中国阀阅之家，自然以贞节为她的义务，她若生在意大利，会以多获面首夸示其群;西洋人见中国人赤膊对女子则骇然,中国人见西洋人用字纸揩粪则惊讶;匈奴可汗父死遂妻其母,满族初入中国不知汉人礼俗,皇太后再嫁其夫弟而不以为耻;中国人以厚葬其亲为孝,而蛮族有委亲尸于山野以被鸟兽所噬为荣幸者;欧美妇女每当稠人广众吻其所亲,而以为人妾为奇耻大辱;中国妇人每以得为贵人之妾为荣幸,而当众接吻虽娼妓亦羞为之。由此看来,世界上哪里真有什么良心,什么直觉,什么自由意志!

丁在君不但未曾说明"科学何以能支配人生观",并且他的思想之根底,仍和张君劢走的是一条道路。我现在举出两个证据:第一,他自号存疑的唯心论,这是沿袭了赫胥黎、斯宾塞诸人的谬误,你既承认宇宙间有不可知的部分而存疑,科学家站开,且让玄学家来解疑。此所以张君劢说:"既已存疑,则研究形而上界之玄学,不应有丑诋之词。"其实我们对于未发见的物质固然可以存疑,而对于超物质而独立存在并且可以支配物质的什么心(心即是物之一种表现),什么神灵与上帝,我们已无疑可存了。说我们武断也好,说我们专制也好,若无证据给我们看,我们断然不能抛弃我们的信仰。

第二,把欧洲文化破产的责任归到科学与物质文明,固然是十分糊涂,但丁在君把这个责任归到玄学家、教育家、政治家身上,却也离开事实太远了。

欧洲大战分明是英德两大工业资本发展到不得不互争世界商场之战争,但看他们战争结果所定的和约便知道,如此大的变动,哪里是玄学家、教育家、政治家能够制造得来的。如果离了物质的即经济的原因,排科学的玄学家、教育家、政治家能够造成这样空前的大战,那末,我们不得不承认张君劢所谓自由意志的人生观真有力量了。

我们相信只有客观的物质原因可以变动社会,可以解释历史,可以支配人生观,这便是"唯物的历史观"。我们现在要请问丁在君先生和胡适之先生:相信"唯物的历史观"为完全真理呢,还是相信唯物以外像张君劢等类人所主张的唯心观也能够超科学而存在?

摘自《新青年》,1923年第2期。

2.胡适：
《科学与人生观》序（节选）

这三十年来，有一个名词在国内几乎做到了无上尊严的地位；无论懂与不懂的人，无论守旧和维新的人，都不敢公然对他表示轻视或戏侮的态度。那个名词就是"科学"。这样几乎全国一致的崇信，究竟有无价值，那是另一个问题。我们至少可以说，自从中国讲变法维新以来，没有一个自命为新人物的人敢公然毁谤"科学"的，直到民国八九年间梁任公先生发表他的游欧心影录，科学方才在中国文字里正式受了"破产"的宣告。梁先生说：

> ……要而言之，近代人因科学发达，生出工业革命，外部生活变迁急剧，内部生活随而动摇，这是很容易看得出的。……依着科学家的新心理学，所谓人类心灵这件东西，就不过物质运动现象之一种。……这些唯物派的哲学家，托庇科学宇下建立一种纯物质的纯机械的人生观。把一切内部生活外部生活都归到物质运动的"必然法则"之下。……不惟如此，他们把心理和精神看成一物，根据实验心理学，硬说人类精神也不过是一种物质，一样受"必然法则"所支配。于是人类的自由意志不得不否认了。意志既不能自由，还有什么善恶的责任？……现今思想界最大的危机就在这一点。宗教和旧哲学既已被科学打得个旗靡帜乱，这位"科学先生"便自当仁不让起来，要凭他的试验发明个宇宙新大原理。却是那大原理且不消说，敢是各科的小原理也是日新月异，今日认为真

理，明日已成谬见。新权威到底树立不来，旧权威却是不可恢复了。所以
全社会人心，都陷入怀疑沉闷畏惧之中，好像失了罗针的海船遇着风
雾，不知前途怎生是好。既然如此，所以那些什么乐利主义强权主义越
发得势。死后既没有天堂，只好尽这几十年尽情地快活。善恶既没有责
任，何妨尽我的手段来充满我个人欲望。然而享用的物质增加速率，总
不能和欲望的升腾同一比例，而且没有法子令他均衡。怎么好呢？只有
凭自己的力量自由竞争起来，质而言之，就是弱肉强食。近年来什么军
阀，什么财阀，都是从这条路产生出来。这回大战争，便是一个报应。

　　……

　　总之，在这种人生观底下，那么千千万万人前脚接后脚的来这世界
走一趟住几十年，干什么呢？独一无二的目的就是抢面包吃。不然就是
怕那宇宙物质运动的大轮子缺了发动力，特自来供给他燃料。果真这
样，人生还有一毫意味，人类还有一毫价值吗？无奈当科学全盛时代，那
主要的思潮，却是偏在这方面，当时呕歌科学万能的人，满望着科学成
功，黄金世界便指日出现。如今功总算成了，一百年物质的进步，比从前
三千年所得还加几倍。我们人类不惟没有得着幸福，倒反带来许多灾
难。好像沙漠中失路的旅人，远远望见个大黑影，拼命往前赶，以为可以
靠他向导，那知赶上几程，影子却不见了，因此无限凄惶失望。影子是
谁，就是这位"科学先生"。欧洲人做了一场科学万能的大梦，到如今却
叫起科学破产来。

　　梁先生在这段文章里很动感情地指出科学家的人生观的流毒：他很明
显地控告那"纯物质的纯机械的人生观"，把欧洲全社会"都陷入怀疑沉闷畏
惧之中"，养成"弱肉强食"的现状，——"这回大战争，便是一个报应"。他很
明白地控告这种科学家的人生观造成"抢面包吃"的社会，使人生没有一毫
意味，使人类没有一毫价值，没有给人类带来幸福，"倒反带来许多灾难"，叫
人类"无限凄惶失望"。梁先生要说的是欧洲"科学破产"的喊声，而他举出的

却是科学家的人生观的罪状；梁先生摭拾了一些玄学家诬蔑科学人生观的话头；却便加上了"科学破产"的恶名。

梁先生后来在这段之后，加上两行自注道：

读者切勿误会，因此菲薄科学，我绝不承认科学破产，不过也不承认科学万能罢了。

然而谣言这件东西，就同野火一样，是易放而难收的。自从欧游心影录发表之后，科学在中国的尊严就远不如前了。一般不曾出国门的老先生很高兴地喊着，"欧洲科学破产了！梁任公这样说的"。我们不能说梁先生的话和近年同善社、悟善社的风行有什么直接的关系；但我们不能不说梁先生的话在国内确曾替反科学的势力助长不少的威风。梁先生的声望，梁先生那支"笔锋常带情感"的健笔，都能使他的读者容易感受他的言论的影响。何况国中还有张君劢先生一流人，打着博格森、倭铿、欧立克……的旗号，继续起来替梁先生推波助澜呢？

我们要知道，欧洲的科学已到了根深蒂固的地位，不怕玄学鬼来攻击了。几个反动的哲学家，平素饱餍了科学的滋味，偶尔对科学发几句牢骚话，就像富贵人家吃厌了鱼肉，常想尝尝咸菜豆腐的风味；这种反动并没有什么大危险。那光焰万丈的科学，决不是这个玄学鬼摇撼得动的。一到中国，便不同了。中国此书还不曾享着科学的赐福，更谈不到科学带来的"灾难"。我们试睁开眼看看：这遍地的乩坛道院，这遍地的仙方鬼照相，这样不发达的交通，这样不发达的实业，——我们哪里配排斥科学？至于"人生观"，我们只有做官发财的人生观，只有靠天吃饭的人生观，只有求神问卜的人生观，只有安士全书的人生观，只有太上感应篇的人生观，——中国人的人生观还不曾和科学行见面礼呢！我们当这个时候，正苦科学的提倡不够，正苦科学的教育不发达，正苦科学的势力还不能扫除那迷漫全国的乌烟瘴气，——不料还有名流学者出来高唱"欧洲科学破产"的喊声，出来把欧洲文化破产的罪名归到科学身上，出来菲薄科学,历数科学家的人生观的罪状,不要科学在人生观上发生影响! 信仰科学的人看了这种现状,能不发愁吗? 能不大声疾呼出来替科学辩护吗?

这便是这一次"科学与人生观"的大论战所以发生的动机。明白了这个动机,我们方才可以明白这次大论战在中国思想史上占的地位。

……

总而言之,我们以后的作战计划是宣传我们的新信仰,是宣传我们的新人生观(我所谓"人生观",依唐擘黄先生的界说,包括吴稚晖先生所谓"宇宙观")。这个新人生观的大旨,吴稚晖先生已宣布过了。我们总括他的大意,加上一点扩充和补充,在这里再提出这个新人生观的轮廓:

一、根据于天文学和物理学的知识,叫人知道空间的无穷之大。

二、根据于地质学及古生物学的知识,叫人知道时间的无穷之长。

三、根据于一切科学,叫人知道宇宙及其中万物的运行变迁皆是自然的,——自己如此的——正用不着什么超自然的主宰或造物者。

四、根据于生物的科学的知识,叫人知道生物界的生存竞争的浪费与惨酷——因此,叫人更可以明白那"有好生之德"的主宰的假设是不能成立的。

五、根据于生物学、生理学、心理学的知识,叫人知道人不过是动物的一种,他和别种动物只有程度的差异,并无种类的区别。

六、根据于生物的科学及人类学、人种学、社会学的知识,叫人知道生物及人类社会演进的历史和演进的原因。

七、根据于生物的及心理的科学,叫人知道一切心理的现象都是有因的。

八、根据于生物学及社会学的知识,叫人知道道德礼教是变迁的,而变迁的原因都是可以用科学方法寻求出来的。

九、根据于新的物理化学的知识,叫人知道物质不是死的,是活的;不是静的,是动的。

十、根据于生物学及社会学的知识,叫人知道个人——"小我"——是要死灭的,而人类——"大我"——是不死的,不朽的;叫人知道"为全种万世而生活"就是宗教,就是最高的宗教,而那些替个人谋死后的"天堂""净土"的宗教,乃是自私自利的宗教。

这种新人生观是建筑在二三百年的科学常识之上的一个大假设,我们也许可以给他加上"科学的人生观"的尊号。但为避免无谓的争论起见,我主张叫他做"自然主义的人生观"。

在那个自然主义的宇宙里,在那无穷之大的空间里,在那无穷之长的时间里,这个平均高五尺六寸,上寿不过百年的两手动物——人——真是一个藐乎其小的微生物了。在那个自然主义的宇宙里,天行是有常度的,物变是有自然法则的,因果的大法支配着他——人——的一切生活,生存竞争的惨剧鞭策着他的一切行为——这个两手动物的自由真是很有限的了。然而那个自然主义的宇宙里的这个渺小的两手动物却也有他的相当的地位和相当的价值。他用的两手和一个大脑,居然能做出许多器具,想出许多方法,造成一点文化。他不但驯服了许多禽兽,他还能考究宇宙间的自然法则,利用这些法则来驾驭天行,到现在他居然能叫电气给他赶车,以太给他送信了。他的智慧的长进就是他的能力的增加;然而智慧的长进却又使他的胸襟扩大,想象力提高。他也曾拜物拜畜生,也曾怕神怕鬼,但他现在渐渐脱离了这种种幼稚的时期,他现在渐渐明白:空间之大只增加他对于宇宙的美感,时间之长只使他格外明了祖宗创业之艰难,天行之有常只增加他制裁自然界的能力。甚至于因果律的笼罩一切,也并不见得束缚他的自由,因为因果律的作用一方面使他可以由因求果,由果推因,解释过去,预测未来;一方面又使他可以运用他的智慧,创造新因以求新果。甚至于生存竞争的观念也并不见得就使他成为一个冷酷无情的畜生,也许还可以格外增加他对于同类的同情心,格外使他深信互助的重要,格外使他注重人为的努力以减免天然竞争的惨酷与浪费。——总而言之,这个自然主义的人生观里,未尝没有美,未尝没有诗意,未尝没有道德的责任,未尝没有充分运用"创造的智慧"的机会。

摘自《中国近代思想家文库:胡适卷》,中国人民大学出版社,2014年,第377~389页。

3.陶希圣^①等:
《中国本位的文化建设宣言》

没有了中国

在文化的领域中,我们看不见现在的中国了。中国在对面不见人形的浓雾中,在万象蜷伏的严寒中:没有光,也没有热。为着寻觅光与热,中国人正在苦闷,正在摸索,正在挣扎。有的虽拼命钻进古人的坟墓,想向骷髅分一点余光,乞一点余热;有的抱着欧美传教师的脚,希望传教师放下一根超度众生的绳,把他们吊上光明温暖的天堂;但骷髅是把他们从黑暗的边缘带到黑暗的深渊,从萧瑟的晚秋导入凛冽的寒冬;传教师是把他们悬在半空中,使他们在上不着天下不着地的虚无境界中漂泊流浪,憧憬摸索,结果是同一的失望。

中国在文化的领域中是消失了;中国政治的形态、社会的组织、和思想的内容与形式,已经失去它的特征。由这没有特征的政治、社会和思想所化育的人民,也渐渐的不能算得中国人。所以我们可以肯定的说:从文化的领域去展望,现代世界里面固然已经没有了中国,中国的领土里面也几乎已经没有了中国人。

要使中国能在文化的领域中抬头,要使中国的政治、社会和思想都具有

---

① 陶希圣(1899—1988),原名陶汇曾,字希圣,以字行,湖北黄冈人。社会经济史学者、国民党理论家,曾为蒋介石执笔《中国之命运》《苏俄在中国》等书。

中国的特征，必须从事于中国本位的文化建设。日本的画家常常说："西洋人虽嫌日本画的色彩过于强烈，但若日本画没有那种刺目的强烈色彩，哪里还成为日本画！"我们在文化建设上，也需要有这样的认识。

要从事中国本位的文化建设，必须用批评的态度、科学的方法，检阅过去的中国，把握现在的中国，建设将来的中国。我们应在这三方面尽其最大努力。

一个总清算

中国在文化的领域中，曾占过很重要的位置。从太古直到秦汉之际，都在上进的过程中。春秋战国形成了我们的希腊罗马时代，那真是中国文化大放异彩的隆盛期。但汉代以后，中国文化就停顿了。宋明虽然还有一个新的发展，综合了固有的儒、道和外来的佛学，然而并未超出过去文化的范围，究竟是因袭的东西。直到鸦片战争才发生了很大的质的变动。巨舰大炮带来了西方文化的消息，带来了威胁中国步入新时代的警告，于是古老的文化起了动摇，我们乃从因袭的睡梦中醒觉了。

随着这种醒觉而发生的，便是曾国藩李鸿章的"洋务"运动，康有为梁启超的"维新"运动，孙中山先生的"革命"运动。

曾李的洋务运动只知道"坚甲利兵"和"声光化电"的重要，完全是技艺的模仿。康梁的维新运动在于变法自强，不过是政治的抄袭。这都可以说是"中学为体西学为用"的见解，随在当时也自有其除旧布新之历史的使命，然毕竟是皮毛的和改良的办法，不能满足当时的要求，于是有孙中山先生所领导的辛亥革命。他以把中国固有的"从根救起来"，把人家现有的"迎头赶上去"为前提，主张对中国的社会、政治、经济作彻底的改造。

民国四五年之交，整个的中国陷在革命顿挫、内部危机四伏、外患侵入不已的苦闷中，一般人以为政治不足以救国，需要文化的手段，于是就发生了以解放思想束缚为中心的五四文化运动。经过这个运动，中国人的思想遂为之一变。

新的觉醒要求新的活动,引导辛亥革命的中华革命党遂应时改组,政治运动大为展开。打倒军阀打倒帝国主义的声浪遍于全国。由此形成了一个伟大的国民革命。其间虽有种种波折,但经过了这几年的努力,中国的政治改造终于达到了相当的成功。

这时的当前问题在建设国家。政治经济等方面的建设既已开始,文化建设亦当着手,而且更为迫切。但将如何建设中国的文化,确是一个急待讨论的问题。有人以为中国该复古,但古代的中国已成历史。历史不能重演,也不需要重演;有人以为中国应完全模仿英美,英美固有英美的特长,但是非英美的中国应有其独特的意识形态,并且中国现在是在农业的封建的社会和工业的社会交嬗的时期,和已完全进到工业时代的英美,自有其不同的情形;所以我们决不能赞成完全模仿英美。除却主张模仿英美的以外,还有两派:一派主张模仿苏俄,一派主张模仿意、德。但其错误和主张模仿英美的人完全相同,都是轻视了中国空间时间的特殊性。

目前各种不同的主张正在竞走,中国已成了各种不同主张的血战之场;而透过各种不同主张的各种国际文化侵略的魔手,也正在暗中活跃,各欲争取最后的胜利。我们难道能让他们去混战么?

我们怎么办?

不,我们不能任其自然推移,我们要求有中国本位的文化建设!

在建设的进程中,我们应有这样的认识:

一、中国是中国,不是任何一个地域,因而有它自己的特殊性。同时,中国是现在的中国,不是过去的中国,自有其一定的时代性。所以我们特别注意于此时此地的需要,就是中国本位的基础。

二、徒然赞美古代的中国制度思想,是无用的;徒然诅咒古代的中国制度思想,也一样无用;必须把过去的一切,加以检讨,存其所当存,去其所当去;其可赞美的良好制度伟大思想,当竭力为之发扬光大,以贡献于全世界;而可诅咒的不良制度卑劣思想,则当淘汰务尽,无所吝惜。

三、吸收欧、美的文化是必要而且应该的，但须吸收其所当吸收，而不应以全盘承受的态度，连渣滓都吸收过来。吸收的标准，当决定于现代中国的需要。

四、中国本位的文化建设，是创造，是迎头赶上去的创造；其创造目的是使在文化领域中因失去特征而没落的中国和中国人，不仅能与别国和别国人并驾齐驱于文化的领域，并且对于世界的文化能有最珍贵的贡献。

五、我们在文化上建设中国，并不是抛弃大同的理想，是先建设中国，成为一整个健全的单位，在促进世界大同上能有充分的力。

要而言之，中国是既要有自我的认识，也要有世界的眼光，既要有不闭关自守的度量，也要有不盲目模仿的决心。这认识才算得深切的认识。

循着这认识前进，那我们的文化建设就应是：

不守旧；不盲从；根据中国本位，采取批评态度，应用科学方法来检讨过去，把握现在，创造未来。

不守旧，是淘汰旧文化，去其渣滓，存其精英，努力开拓出新的道路。不盲从，是取长舍短，择善而从，在从善如流之中，仍不昧其自我的认识。根据中国本位，采取批判态度，应用科学方法来检讨过去，把握现在，创造未来，是要清算从前的错误，供给目前的需要，确定将来的方针，用文化的手段产生有光有热的中国，使中国在文化的领域中能恢复过去的光荣，重新占着重要的位置，成为促进世界大同的一支最劲最强的生力军。

摘自《文化建设》，1935 年第 1 卷第 4 期。

4.陈立夫①:
《文化运动与民族复兴》

　　我们现在大家都痛感民族地位的杌陧,国家情势的危殆,以为在这千钧一发之时,民族复兴运动是为现在每一个国民应有之自觉,应有之自信,应有之自奋。近年来中央于军事、政治、党务、教育各方面的设施,都是根基于民族复兴运动这一个大前提而出发的。不过,一个民族的强弱盛衰,完全基于文化的是否昌盛,所以我们在民族复兴运动的前夜,应该有一个轰轰烈烈的切切实实的文化复兴运动! 以文化复兴运动,奠定民族复兴运动深厚而坚固的基础,而且唯有文化复兴运动能成功,民族复兴运动才能不徒托空言,才能如期实现!

　　我们要复兴文化,先应该要有一个先决条件,这先决条件就是在如何恢复民族建设文化之自信始。假定一般人对于建设文化之自信力都没有,那么真是所谓"哀莫大于心死",还有什么希望可言呢? 所谓自信者,就是有诸己之谓也,更切实一点解释,就是先须具有自知之明。中国人的老毛病,不妄自夸大,便妄自菲薄,这过与不及的毛病,就是使中国民族不能长进的最大原因。在文化方面说,妄自夸大的人,便主张极端复古;妄自菲薄的人,便主张全盘西化,这两种各走极端的主张,不仅于中国文化,绝无裨益,反益足使我国走入更混乱更黑暗的境地。所以我们复兴民族文化之态度,应该不妄自夸大,

　　① 陈立夫(1900—2000),名祖燕,字立夫,浙江吴兴人。中国国民党政治家,历任蒋介石机要秘书、国民党秘书长、教育部长、立法院副院长等要职。著有《四书道贯》《孟子之政治思想》《儒家思想之时代精神》等书。

亦不妄自菲薄,而以自立自助之精神,取人之长,补己之短,建设一个世界上最健全的新文化;同时更需尽己之长,贡献他人,以表扬我们民族固有的特性。

为了达到这上述的目的,我们对于过去现在和将来,都应该确定其应持之态度。

我国在世界历史上,其文化光芒万丈,无与伦比,此为绝对不能否认的事实,纵横数万里,上下数千年,有多少圣哲英豪,发挥他的智能,建树他的功业,为中国民族争光荣。然而近百年来,因物质之不如人,缺乏自卫的力量,对外战争,屡告失败,国家权益,日益丧失,于是一般人民都走上了颓废丧气的歧途。以为我们中国什么都不如人,过去祖宗所流传下来的遗产,什么都不足留恋,其实,这真是一个重大的谬误。要知道我们的聪明才力并不在任何优秀民族之下,而历史上种种学术制度之阐扬与创建,更非任何人所能抹煞,所以我们为建立民族崭新而健全的文化计,对于过去的文化,绝不以纯持厌弃的态度,应该积极的以科学方法,将吾族先民固有智能所集聚的一切文物,加以整理。取其所当取,舍其所当舍,固有文化经过科学方法整理之后,只能披沙拣金,成为有用之物,光辉灿烂,用之不尽。

我国今日所以陷于次殖民地之地位,自有其历史上之因缘,也由于目今一般人民心理上之自杀。因为一种健全文化之建立,既重于精神文化之发扬,亦重于物质文化创造,我国过去之文化,偏重于精神方面,欧美之文化,偏重物质方面,所以中西接触以后,西洋的洋枪大炮冲毁了古老的长城,我国因物质不如人,于是丧权失地,耻痕斑斑,假定一般人民,能及早自觉,研究其失败之点,奋发其自救之道,那么近百年来的中国历史,绝不致至今日而犹疮痍满目。最可痛心的,就是自鸦片战争以后,中国的知识分子竟丧失了自信力,失去了自信力这一个利国的立国的宝贝,于是时代的车轮前进不已,徒造成了我国每况愈下的局面。我国文化偏重于精神方面之发达,这固是历史上之因缘;中国人民丧失了自信力之宝贝,却又是人民心理上之自杀。到了现在,中国的知识分子是怎样呢? 有没有觉悟呢? 许多人还是消极、颓废,度着浪漫的生活,对于民族之盛衰,国家之存亡,竟抱着冷观的态度,不认清国家民族的病根,不透视现代中国社会所需要奋斗的途径,如果人人如此,中国如何会有希望呢?所以我们决不能抱着消极的冷观态度,应该恢复民族的自信力,更应该认识缺乏物质文化之现代中国,是需要科学知识去充实,以提高社会文化的水准。

对于过去的文化,能切实加以整理,对于现在的需要,能切实加以充实,把垂危的民族从根救起来,但我们绝不能以此为满足,须知民族的生命,我们不仅应尽维持职责,绵延其生命,尤应发扬光大,为全世界全人类而服务。我们要达到这伟大的目的,恪尽这神圣的使命,我们便要以科学精神去发扬光大民族的生命。

以科学方法整理过去的一切,以科学知识充实现在的一切,以科学精神创造将来的一切,这就是中国文化复兴运动中之大工作,也就是建设中国民族文化的三大路线!我们要完成这检讨(整理)过去,把握(充实)现在,创造(发扬)将来的工作,就应该从(一)好学,(二)力行,(三)知耻,这三项做起!

好学者,以智识与人竞争也。现代的世界,是智力角逐的世界,智力强者胜,智力弱者败,其间存亡之道,绝无侥幸之可言。我们要以科学方法整理过去的一切,要以科学知识充实现在的一切,要以科学精神发扬将来的一切,在在须以极大的智能去应付,智能之训练与培养,便在乎好学。力行者,以能力与人竞争也,我国人民受"知之匪艰,行之惟艰"之毒,由来已久,百举皆废,一事无成的原因,就在不能力行之故。所以我们应该本着孙中山先生知难行易的精神,努力干去,复兴文化之道在乎此,复兴民族之道也在乎此。知耻者,补足其知识能力之不足,以备雪耻之用也,谚云:"知耻近乎勇",我们有知耻的自觉,便应该有雪耻的准备,雪耻的准备,在于补足其智能之不足,所以能补足其智能之不足,便是知耻的明证。苟人人能好学,那么外人所知者,我人无所不知;人人能力行,那么外人所能行者,我人人无所不能;人人知耻,则智能皆充,国耻随时可雪,国难随时可苏。个个人民,都能脚踏实地,切实从"好学""力行""知耻"这三项做去,我深信文化复兴运动的成功,民族复兴运动的成功,是指日可期的。

青年是国家的灵魂,民族的中坚,国家的强弱,民族的盛衰,是决定于青年的意志及其努力的方向的，我们唯有希望现在在学的青年。充分利用在学的时间，业余的青年，充分利用业余的时间，不仅青年，其他幼年、壮年、老年，都能向"好学""力行""知耻"三项做去，那么中国民族的发扬光大，造成世界上第一等文明大国决不成问题的。希望全国同志同胞都能明了这一个意义，那么一定能达到把中华民族"从根救起来迎头赶上去"的目的。

鉴于国家地位之危殆，而空言救国，是没有效力的。救国的大业，不在空谈，而在实行。更应该从自身做起，从自身做起，为最切实也最容易。士宜加紧求学，农宜加紧生产，工宜增进技能，商宜提倡国货，各从本位，努力做起，中国当然有无穷的希望。同时，我们更应该注意的，就是农工商之进步，均非由士之智识增进不为功，因为农村生产之增加，工业技能之进步，商人爱国心之发达，都是教育上重要的目的，都是我们求教育的最大的目标。

再举一个最浅近的例证，大家都知道今后的战争是立体战争，空军在今后的战事上是占着决定胜负的地位的，因此年来举国上下，都致力于航空救国。然而航空两字的内容，是包括着多少的专门学识，以一架飞机之制造而言，就需要机械工程，电气工程，矿冶工程，化学工程，纺织工程等；以飞机场之建筑及灯光设备而言，有非需要土木工程和理化专家的设计不可。航空救国，固然需要经济，需要财力，然而更需要的是人力，是学力，难道只向外国买了几百架几千架飞机，就能救得了国吗？我们自己能制造飞机，驾驶飞机，才能谈得到航空救国！我们希望能自己制造，便需要读书，便需要研究科学；谁不知道中国农村的破产，谁不知道再不救济农村，中国国亡无日，然而救济农村也是空言所能了事的吗？在在都需要真实的学问。所以我们在这千钧一发的时候，应该脚踏实地，切实做起，尽我们的天职，应国家民族的急需！

全国同志同胞都要明了这一个重要的意义，身体力行。要知道，充实自己的学力，即所以充实民族的力量，建设自身的智能，即所以建设民族的文化。文化复兴运动完成之时，也就是民族复兴运动础石奠定之时。

摘自《中国文化建设协会会报》，1935 年第1卷第10期。

5.何炳松①:
《文化建设方式与路线》

　　炳松与此间同志之意,以为所谓文化实即人类适应环境,以求生活改善之成果。建设民族文化之目的,似在于努力适应此时此地之环境,以求全民族生活之改进,与夫全民族生命之保存。

　　我民族自百年来迭受帝国主义之压迫,内则民生憔悴,外则四面楚歌,环境恶劣,有目共睹。孙中山先生早见及此,故于民生主义遗教中,有充实人民生活,扶植社会生存,发展国民生计,延续民族生命之遗训。炳松辈之愚见以为孙先生此处所列举之四点,实即吾辈努力建设民族文化者所宜服膺之目标。

　　吾人欲达到此种光明正大之目标,当然宜有切实有效之方式。炳松愚见以为吾人宜从政治、经济、教育等方面循下述各条路线以求其实现。

　　(一)充实人民生活,宜从增进生产力与提高生活程度两点上入手。

　　(二)扶植社会生存,宜从调剂社会与个人之利益,并担保个人之经济安全两点上入手

　　(三)发展国民生计,宜从酌行国家社会政策(俾士麦所行之政策)与提倡合作主义两点上入手。

　　(四)延续民族生命,宜从发展实业,提高文化水准与学术程度,提高道德

---

　　①　何炳松(1890—1946),字柏丞,浙江金华人,现代著名历史学家和历史教育家。著有《通史新义》《新史学》《历史研究法》《历史教育法》《西洋史学史》《中古欧洲史》等书。

标准,与充实国防四点上入手。

愚见以为上述各点或即可视为吾辈宜取之路线,而以政治、经济、教育、艺术等方式行之。

唯上述四项目标,实即一物之四面,应保持其综合性。综合性云何? 愚见以即孙先生之民生主义,亦即陈立夫先生之唯生论是也。

辱蒙垂问,谨妄抒愚见,聊供贵会暨座谈会诸公之参考。是否有当,还恳方家教正。

摘自《何炳松文集》(第2卷),商务印书馆,1996年,第415~416页。

6. 张闻天①:
《抗战以来中华民族的新文化运动与今后任务》(节选)

中华民族的新文化与旧文化

旧中国是一个半殖民地半封建的中国,因此在旧文化中占统治地位的文化也是半殖民地半封建的,换句话说,即是买办性的封建主义的文化。

这种买办性的封建主义的文化,即是:对外是买办主义的。即是:对外善于投降妥协、含垢忍辱、逆来顺受、唾面自干、打了耳光赔笑脸,十足的洋奴气;对列强充满恐怖心、依赖心、侥幸心,缺乏民族的自尊心与自信心。对内是封建主义的。即是,它是封建的旧道德、旧思想、旧制度;主张复古、尊孔、读经、保存"国粹";颂扬独裁专制,反对民主。这种买办性的封建主义的文化也是反科学的。提倡迷信、愚昧、无知、独断、盲从;提倡唯心主义,反对唯物主义;有意曲解事件真相,否认客观真理的存在。

这种买办性的封建主义文化也是反大众的。提倡反对大众、远离大众、拥护少数独裁者特权者利益的贵族文化。它反对解放大众、接近大众的平民文化。它提倡古文文言文,反对今文白话文。

这种买办性的封建主义文化,是中国地主阶级与买办资产阶级的文化,

---

① 张闻天(1900—1976),江苏南汇县(今属上海市)人,原名应皋(也作荫皋),曾化名洛甫,字闻天。中国共产党早期重要领导人。主要著作有《张闻天选集》等。

如鲁迅所说，"都是侍奉主子的文化"，因此日本帝国主义者要利用与依靠这种文化来建立它的独占中国的殖民地文化。中国大资产阶级当它革命时，它也多少反对这种文化，当它反革命时，它就完全拥护这种文化。在抗战第一阶段与第二阶段中的大资产阶级对这种文化的不同态度，亦为最好的证明。

这种文化，在全国说来，一般还占着优势。它正在没落的过程中，但它正在拼命的挣扎。它没有明天，但如果我们不给以彻底的破坏与致命的打击，则它仍能长期的生存下去。我们必须用全力扫除买办性的封建主义的文化。这种扫除工作，愈彻底愈好。新文化是这种文化的彻底的否定。

但旧中国文化中也有反抗统治者、压迫者、剥削者，拥护被统治者、被压迫者、被剥削者，拥护真理与进步的、民族的、民主的、科学的、大众的文化因素。这种文化因素，即是我们的祖先留给我们的宝贵的遗产。这种文化因素在民间流传得特别广泛丰富。这是值得我们骄傲的。对于这些文化因素，我们有从旧文化的仓库中发掘出来，加以接受、改造与发展的责任。这就叫"批判的接受旧文化"。所以新文化不是旧文化的全盘否定，而是旧文化的真正"发扬光大"。新文化不是从天上掉下来的奇怪的东西，而是过去人类文化的更高的发展。

要批判的接受中国旧文化，绝不是等于号召中国青年去读古书、整理国故。这是少数有科学知识与科学方法的学者的责任。中国青年应该多读现代的新文化的书籍，在古书中则应该多读中国的小说、杂文，多读统治阶级所说的"邪书"与"禁书"。但读这类书时，应要求青年有批判的头脑。

中华民族的新文化与外国文化

中国文化是世界文化的一部分，也同时受外国文化的影响。中华民族的新文化，绝不应该闭关自守；相反的，它应该充分的吸收外国文化的优良成果，而成为世界文化中优秀的一部分。

什么是外国文化中我们应该吸收的东西呢？

这就是当外国资产阶级还是革命时候的、启蒙运动的、为民主与科学而斗争的文化（如法国十八世纪的唯物主义哲学、德国十九世纪的辩证法哲学）；这就是各国无产阶级为民族、为民主、为科学、为大众而斗争的以马克思列宁主义的科学理论为指导的社会主义文化；这就是各被压迫民族的反帝反封建的民族解放的文化；这就是无产阶级革命已经胜利，马克思列宁主义已经占统治地位的社会主义苏联的文化；这就是一切被压迫者、被剥削者反抗压迫者与剥削者的文化；这就是现代资产阶级所赖以发展生产、制造财富的自然科学的文化。

欧美资产阶级，今天除在自然科学方面，为了维持他们的统治不能不继续有某些发展外，是反对新文化运动的。他们今天正在进行毁灭文化的工作（如英、美、法、德、意各国的例子）。今天在欧美方面，新文化运动的代表者已经不是资产阶级，而是无产阶级了。社会主义文化，即是今天欧美的新文化。中华民族的新文化，绝不是完全抄袭外国文化的所谓"全盘西化"。外国文化中的反动文化（如主张侵略、反对民族解放，主张独裁与法西斯主义、反对民主与自由，主张宗教迷信、反对科学真理，拥护压迫剥削、反对大众，反对社会主义），是我们应该排斥的。而"全盘西化"论者，却正在把这类反动文化大量输入中国。

中华民族的新文化，也绝不像"中学为体，西学为用"的"中国本位文化"论者那样，只吸收外国的自然科学的技术，来发展中国的物质文明。它要吸收外国文化中的一切优良成果，不论是自然科学的、社会科学的、哲学的、文艺的。而"中国本位文化"论者，却正在以中国的陈旧的、保守的、落后的思想，反对外国先进的、革命的思想。

中华民族新文化的接受外国文化，是大胆的与批判的接受。鲁迅的"拿来主义"即是这个意思。一切外国的文化，凡是能够满足抗战建国与新文化的需要的，我们均应吸收过来。我们要在大胆吸收外国文化的优良的养料中使我们的新文化长大起来。外国文化的"中国化"，不是什么"中国本位文化"，而是使外国文化中一切优良的成果，服从于中华民族抗战建国的需要，服从于建设中华民族新文化的需要。这即是以世界最先进的科学理论与科学方法来研究中国的实际,帮助解决中国的各种实际问题。这不但能够将中华民族的新文化提到更高的阶段,而且也将使它给世界文化以极大的贡献。

中华民族新文化与三民主义

孙中山的三民主义,基本上是民族民主革命的政治主张与政治纲领,其中有很丰富的为民族、为民主、为科学、为大众而斗争的政治思想,因此它是中华民族新文化的一个组成部分,而且应该在其中占有一个重要的地位。但在孙中山三民主义的思想体系内,不但存在着许多内部的矛盾,缺乏严正的科学性,而且还有着不合于新文化要求的下列倾向:一是复古的倾向,把封建道德、封建思想、封建组织,看作民族精神的基础;二是反民主、反大众的倾向,先知先觉、后知后觉、不知不觉的理论,"权""能"分开的理论,民生政治建设的三个阶段论;三是唯心的、反科学的倾向,民生史观反对唯物史观,对马列主义的错误了解与批评,空想的社会主义思想。因此,孙中山三民主义的政治主张与政治纲领,可以成为各党派、各阶级抗战建国统一战线的政治纲领,但他的思想体系,他的理论与方法,正因为存在着上述的弱点,所以不能成为新文化运动的总的理论的与方法的基础。而且对于新文化运动的贡献也比较的少。

应该坚决反对以三民主义来垄断新文化运动的任何企图,反对以政治力量来强迫新文化运动者去全部接受或信仰三民主义的思想体系,以及对于三民主义的思想体系的自由讨论与科学批判的限制与取缔。三民主义不能限制新文化,相反的,三民主义只是新文化的一个组成部分。

现在,大资产阶级的各派政治代表正在用各种方法曲解与修正三民主义,使之同新文化成为互相对立的东西。在抗战营垒外的汉奸汪精卫的"三民主义",不用说,是完全反对孙中山的真三民主义之假三民主义,已经成为日本独占中国的殖民地文化的一部分了。在抗战营垒中的另一部分人,也正在尽量发挥与整理孙中山三民主义中的一切复古的、反民主的、反大众的、唯心的、反科学的倾向,使之成为一种适合于半殖民地半封建文化的思想体系,使之同新文化互相对立,而成为殖民地文化的帮闲者。这无疑的均是对于孙中山三民主义革命精神的叛变。

真正孙中山的信徒应该努力为孙中山先生的政治主张与政治纲领的全部实现而奋斗,应该发扬孙中山三民主义中为民族、为民主、为科学、为大众而斗争的政治思想,给这种政治主张、政治纲领、政治思想放下科学理论的基础,纠正与淘汰其中一切消极的倾向。只有这样,才能使三民主义更能贡献于抗战建国的事业,更能贡献于新文化的事业。

中华民族新文化与社会主义

在中国,社会主义学说(马列主义学说)历来是随着中国的新文化运动的发展而发展的。它是西欧新文化中最进步最革命的科学。它由于中国社会发展的需要而为中国先进的知识分子所吸收,它由于在中国得到了肥沃的物质的与精神的土壤,而很快的生长与壮大起来。不论外国帝国主义者、中国大地主大资本家及其走卒们如何的反对它、取缔它,然而它仍然向前继续发展。而且它在同各种敌对思想的思想斗争中不断取得了它的胜利。它在中华民族的新文化中已经占着最被推崇的地位。

今天社会主义,是最能为中华民族新文化的全部要求的实现而奋斗的一种最富有革命性与科学性的学说。因此,它从在中国生长之日起,就站在新文化运动的最前线,在新文化运动中起着先锋的与指导的作用。当它的影响愈是扩大时,则它为新文化的斗争也愈是有力。中国的新文化运动,也可以说是随着社会主义思想的发展而更加向前发展与更加提高的。

所以,中华民族新文化运动的发展,不但不同社会主义文化的发展相冲突,而且新文化运动的发展,是同社会主义文化的发展成正比例的。他们是血肉相关的。在中国,社会主义文化,必须为新文化发展而奋斗,新文化必须同情与拥护社会主义文化的壮大。中国的社会主义者,必然是彻底的民主主义者;彻底的民主主义者,必然要同情与拥护社会主义。彻底的民主主义者的鲁迅之成为社会主义者,是一个最好的也是最根本的例子。

社会主义在民族民主的革命中不但有最彻底的、最革命的政治主张与政治纲领,而且它的思想体系,它的理论与方法,是最彻底的与最科学的。所以不但它的政治主张与政治纲领可以成为抗战建国的最好纲领,而且它的理论与方法也可以成为新文化运动的总的理论的与方法的基础。

但是社会主义丝毫也不想垄断新文化运动。相反的,正是它,能够深刻的了解到:建立中华民族新文化是全中国所有文化人与知识分子的共同任务。所以它要同一切愿意为新文化的胜利而斗争的各种派别的文化人与知识分子,进行各种各样的统一战线。它要在这种统一战线中发展新文化,同时也要在这种统一战线中发展它自己。

但社会主义文化是中华民族新文化中最革命、最科学的一个独立的部分,它不融和于其他派别的文化中。它在同其他派别的文化人与知识分子为新文化的某一共同纲领而斗争的过程中,绝不放弃自己的立场,绝不放弃自己批评的武器,而且贯彻着它自己的理论与方法。它今天为着彻底的民主主义的新文化的胜利而奋斗,同时也为着社会主义文化的发展而奋斗。它在为争取抗战建国的胜利而斗争的过程中,同时为将来社会主义的胜利而进行着文化上的必要的准备工作。

社会主义,不是一次被给予的死板的教条,而是生动的科学的革命理论与革命方法。它是在同内外敌人斗争中发展、前进的。它还要努力前进,它还要努力发展。它不怕自由讨论、自由批评。它的革命性与科学性,将保证它在思想斗争中战胜一切反对它的学说。它在新文化运动中的胜利,即是彻底的民主主义文化的胜利,也即是为社会主义的胜利准备了必要的思想的基础。

关于中华民族新文化与大众化问题

新文化除了应该是民族的、民主的、科学的而外,应该又是大众的。这包含着两种意义:

新文化必须是代表大众的利益、为大众的解放而斗争的武器。否则,新文化就不可能服从于它自己的政治任务。真正能为民族、民主、科学而斗争的新文化，必须是大众的新文化，而不是少数特权者、剥削者的文化；反之，大众的新文化，也必须是能为民族、民主、科学而斗争的文化。在这个意义上的新文化的"大众化"，不但不是降低新文化的水准，而正是提高新文化的水准。但这样的新文化，由于旧社会给予大众的低下的文化水平，今天可能还不为大众所完全了解。

新文化要完成自己的任务，必须为大众所接受、所把握。因此，新文化的大众化，还有另一方面的意义，即为了使新文化成为大众所懂得、所接受的文化，必须使新文化去适应大众今天的文化水平。在这一含意上的大众化，就包含有把新文化通俗化的意义。通俗化不是曲解新文化，使新文化庸俗化，而是用比较浅显的表现形式使其为大众所了解。这种通俗化的目的，不是为了使大众停留在今天他们的文化水平，而正是为了要提高他们的文化水平。

提高新文化使之成为大众的新文化，通俗化新文化使之成为大众所能接受的新文化，这大众化的双重任务，必须由新文化工作者来完成，离开了一方面，新文化运动的任务就不能完成。这双重任务，同样重要，而且也是同样不容易完成的。

一个文化工作者，可以同时负担大众化的双重任务：一方面积极提高新文化的水准，而同时又时时刻刻设法使自己了解的东西通俗化，以便传达到大众中去。一个文化工作者，可以偏重于负担一方面的任务。但偏重于做通俗化工作的人，只有时时刻刻提高自己，才能真正的通俗化；而偏重于做提高工作的人，只有时时刻刻接近大众、了解大众、把握大众、向大众学习，才能真正的提高。不然通俗化会变为庸俗化，而提高变为脱离大众。这两种倾向都是应该反对的。

一般说来，新文化各部门的提高工作，要由有相当文化素养的（如在自然科学方面、社会科学方面或文艺方面）文化人来担任与完成，而通俗化的工作，则要由广大的青年知识分子来负责。这种相当的分工，在现在的条件下，是不可避免的，而且也是必要的。

不论从哪一方面来看,新文化必须大众化是无可争辩的。所以到大众中去,到实际斗争中去,应成为我们对一切新文化运动者,尤其对广大青年知识分子的战斗号召!

但大众化问题如果脱离当前的政治条件来考察,一定会犯片面的错误。不能设想,在现在的政治条件下可以使大众化的事业有如何了不起的成就。所以,为大众化的斗争,同为抗战建国的,民主政治的斗争是密切联系着的(这问题以后还要讲到)。

摘自《张闻天文集》(第3卷),中共党史出版社,1994年,第40~49页。

7.鲁迅：

《十四年的"读经"》

　　自从章士钊主张读经以来，论坛上又很出现了一些论议，如谓经不必尊,读经乃是开倒车之类。我以为这都是多事的,因为民国十四年的"读经",也如民国前四年,四年,或将来的二十四年一样,主张者的意思,大抵并不如反对者所想象的那么一回事。

　　尊孔,崇儒,专经,复古,由来已经很久了。皇帝和大臣们,向来总要取其一端,或者"以孝治天下",或者"以忠诏天下",而且又"以贞节励天下"。但是,二十四史不现在么? 其中有多少孝子,忠臣,节妇和烈女? 自然,或者是多到历史上装不下去了;那么,去翻专夸本地人物的府县志书去。我可以说,可惜男的孝子和忠臣也不多的, 只有节烈的妇女的名册却大抵有一大卷以至几卷。孔子之徒的经,真不知读到哪里去了;倒是不识字的妇女们能实践。还有,欧战时候的参战,我们不是常常自负的么? 但可曾用《论语》感化过德国兵,用《易经》咒翻了潜水艇呢?

　　儒者们引为劳绩的,倒是那大抵目不识丁的华工!

　　所以要中国好,或者倒不如不识字罢,一识字,就有近乎读经的病根了。"瞰亡往拜""出疆载质"的最巧玩艺儿,经上都有,我读熟过的。只有几个糊涂透顶的笨牛,真会诚心诚意地来主张读经。而且这样的脚色,也不消和他们讨论。他们虽说什么经,什么古,实在不过是空嚷嚷。问他们经可是要读到像颜回、子思、孟轲、朱熹、秦桧(他是状元)、王守仁、徐世昌、曹锟;古可是要复到像清(即所谓"本朝"),元,金,唐,汉,禹汤文武周公,无怀氏,葛天氏?他们其实都没有定见。他们也知不清颜回以至曹锟为人怎样,"本朝"以至葛天氏情形如何;不过像苍蝇们失掉了垃圾堆,自不免嗡嗡地叫。况且既然是诚心诚意主张读经的笨牛,则决无钻营,取巧,献媚的手段可知,一定不会阔气;他的主张,自然也决不会发生什么效力的。

至于现在的能以他的主张,引起若干议论的,则大概是阔人。阔人决不是笨牛,否则,他早已伏处牗下,老死田间了。现在岂不是正值"人心不古"的时候么?则其所以得阔之道,居然可知。他们的主张,其实并非那些笨牛一般的真主张,是所谓别有用意;反对者们以为他真相信读经可以救国,真是"谬以千里"了!

我总相信现在的阔人都是聪明人;反过来说,就是倘使老实,必不能阔是也。至于所挂的招牌是佛学,是孔道,那倒没有什么关系。总而言之,是读经已经读过了,很悟到一点玩意儿,这种玩意儿,是孔二先生的先生老聃的大著作里就有的,此后的书本子里还随时可得。所以他们都比不识字的节妇,烈女,华工聪明;甚而至于比真要读经的笨牛还聪明。何也?曰:"学而优则仕"故也。倘若"学"而不"优",则以笨牛没世,其读经的主张,也不为世间所知。

孔子岂不是"圣之时者也"么,而况"之徒"呢?现在是主张"读经"的时候了。武则天做皇帝,谁敢说"男尊女卑"?多数主义虽然现称过激派,如果在列宁治下,则共产之合于葛天氏,一定可以考据出来的。但幸而现在英国和日本的力量还不弱,所以,主张亲俄者,是被卢布换去了良心。

我看不见读经之徒的良心怎样,但我觉得他们大抵是聪明人,而这聪明,就是从读经和古文得来的。我们这曾经文明过而后来奉迎过蒙古人满洲人大驾了的国度里,古书实在太多,倘不是笨牛,读一点就可以知道,怎样敷衍,偷生,献媚,弄权,自私,然而能够假借大义,窃取美名。再进一步,并可以悟出中国人是健忘的,无论怎样言行不符,名实不副,前后矛盾,撒诳造谣,蝇营狗苟,都不要紧,经过若干时候,自然被忘得干干净净;只要留下一点卫道模样的文字,将来仍不失为"正人君子"。况且即使将来没有"正人君子"之称,于目下的实利又何损哉?

这一类的主张读经者,是明知道读经不足以救国的,也不希望人们都读成他自己那样的;但是,耍些把戏,将人们作笨牛看则有之,"读经"不过是这一回耍把戏偶尔用到的工具。抗议的诸公倘若不明乎此,还要正经老实地来评道理,谈利害,那我可不再客气,也要将你们归入诚心诚意主张读经的笨牛类里去了。

以这样文不对题的话来解释"俨乎其然"的主张,我自己也知道有不恭之嫌,然而我又自信我的话,因为我也是从"读经"得来的。我几乎读过十三经。

衰老的国度大概就免不了这类现象。这正如人体一样,年事老了,废料愈积愈多,组织间又沉积下矿质,使组织变硬,易就于灭亡。一面,则原是养卫人体的游走细胞(Wanderzelle)渐次变性,只顾自己,只要组织间有小洞,它便钻,蚕食各组织,使组织耗损,易就于灭亡。俄国有名的医学者梅契尼珂夫(EliasMetschnikov)特地给他别立了一个名目:大嚼细胞(Fresserzelle)。据说,必须扑灭了这些,人体才免于老衰;要扑灭这些,则须每日服用一种酸性剂。他自己就实行着。

古国的灭亡,就因为大部分的组织被太多的古习惯教养得硬化了,不再能够转移,来适应新环境。若干分子又被太多的坏经验教养得聪明了,于是变性,知道在硬化的社会里,不妨妄行。单是妄行的是可与论议的,故意妄行的却无须再与谈理。惟一的疗救,是在另开药方:酸性剂,或者简直是强酸剂。

不提防临末又提到了一个俄国人,怕又有人要疑心我收到卢布了罢。我现在郑重声明:我没有收过一张纸卢布。因为俄国还未赤化之前,他已经死掉了,是生了别的急病,和他那正在实验的药的有效与否这问题无干。

摘自《鲁迅全集》(第3卷),人民文学出版社,1973年,第127~131页。

8.胡绳①:
《论近两年来的思想和文化》(节选)

在新的基础上发展起来的文化动向

自从 1840 年国际资本主义以大炮军舰轰开了中国的大门之后,这老大的封建帝国便一步步地堕入了半殖民地的情况中间。这种情况一方面固然促起了中国民族的自我觉醒的政治运动和文化运动,同时却也决定了迄今的历次文化运动——正和历次的政治运动一样——在刚怀胎时,即已显示了先天的不足,而终于在瞬息之间可悲地流产——无论是戊戌时代前后的"中学为体,西学为用"和"立宪维新"的运动,还是"五四"时代的"科学精神"和"实验主义"的运动,都可说是如此。1925—1927 年直后时期的新社会科学运动也不免带有许多弱点。固然上述的历次文化运动自然都各自有其进步的意义,它们对于中国的整个民族文化运动的推进的功绩都是不可抹杀的。但是它们所具有的弱点也都是不容忽视的。这种弱点的存在使得它们都没有最适当地担负起来在半殖民地的中国社会中的文化运动所应负的任务,这就是说,它们不曾能号召全民来反对帝国主义的侵略,并且反对为帝国主义的帮凶、阻碍民族的自觉发展的封建主义。历次的文化运动虽然都非意识地或意

① 胡绳(1918—2000),原名项志逖、笔名蒲韧、卜人等,江苏苏州人。中国著名的马克思主义理论家、近代史专家。代表作品有《帝国主义与中国政治》《中国共产党的七十年》《从鸦片战争到五四运动》等。

识地、朦胧地或明晰地触及这两个任务，但是它们没有彻底地完成这些任务是很明白的事实。

然而我们说这些运动是流产了，那不过是譬喻，我们决不真是说：它们是绝对地死亡了。事实上，它们都是整个民族的自觉的文化运动的发展中的一个个的阶段，后来的文化运动必然要以它们为基础，吸收它们所遗留下来的成果，并且接受它们所未能完全达到的任务。

整个文化的发展正如一条长链条，中间不能硬生生地斩断。我们在把握这链条中的任何一环的时候，不能忘记在它前面的许多环子。然而这决不是意味着一点一滴地进化的历史观，因为在每一新的情势下面，这链条上的每一个环子都要表现出它的特殊的形态的——中国民族的自觉运动在最近一百年来从戊戌到"五四"，从"五四"到 1927 年都是配合了每一时期的经济基础和政治形势而表现为蝉联着的，但各自具有自己的特色的文化运动的。

在 1927 年以后，"九一八"事变与"一·二八"事变又给中国的社会政治展开了一个新的形势，这已是不待我来细说的了。"九一八"事变以及跟着"九一八"事变而来的军事、政治、经济各方面的侵略，显示了中国正面对着更从半殖民地的地位堕落一步的危险，同时也促起了中国人民对于自己的命运与前途的又一次的深刻的警觉。"九一八""一·二八"以后有一时期的时事问题与政治问题的小刊物的风行，中国社会史论战的继续展开，大众语问题的讨论，中国农村社会性质的讨论……可算是上述的那种警觉在文化上的反映，因为它们都表现了中国人民是如何努力着要认识现实的境遇，解决现实的问题。然而只是这一些反映是不是已经足够了呢？我们都看到，社会史论战只是一场混战，大众语的问题也在刊物上讨论完毕时自动结束了，"救亡图存"的口号是喊出来了，但不曾有更具体、更周密的讨论，新的方法论虽是占了优势，但是公式主义的套袭和理论与实际之隔离这种情形是无可否认地存在着。而同时，封建道德的提倡，金刚法会与祀孔大典的盛举，读经存文的滥调，本位文化的新鲜花样却是层出不穷地进行着。值得我们重视的在 1935 年 7 月里由十几个文化团体和一百几十个作家发表的《我们对于文化运动的意见》中说:"我们相信救国不必读经,读经和救国没有关系……同时我们相信民族自救的责任不是少数人所能负担的,必须大众来通力合作。怎样普及知识于大众是今日最重要的问题……"但是究竟怎样普及知识于大众? 怎样使大众来通力合作担负救国的责任? ——问题并不曾被解答。

这一阶段的文化运动仍旧不曾充分做到深刻和广泛这两点,仍是落后在现实情势所要求的后面。

接着"一二·九"学生运动爆发了。假如我们说"九一八"是使中国人民看到了自身的危机,那么"一二·九"就是使中国人民看到了自身的力量,而且看出了只有国内一切力量的汇集才是真正能够抵抗侵略,救自己的力量。"一二·九"又给我们展开了一个新的政治形势,全民族的大联合运动在实践中间逐渐地成为现实的存在了。但是我们假如把这政治形势看做是"一二·九"以后突然出现的,也是不对的,因为全国统一救亡的要求在"一二·九"以前事实上已经存在的,但到"一二·九"以后中国人民才在政治上、文化上鲜明地提出这要求,并且为实现这要求而意识地活动了。

照理,文化运动虽然是政治经济的反映,它却不能是尾巴,而应该是先锋。但是现代的中国文化运动自戊戌以来一般地是落后的,因此在"一二·九"以后的新的局势飞速地展开的时候,文化界就感到措乎不及地恐慌了。但是过去各时期的准备毕竟也不是全然浪费的,一个新的文化运动终于逐渐地展开在我们眼前了。

这个新的文化运动到现在,事实上还不到两年,不但尚未达到开花时期,而且只是开始艰苦地举步。但是就在这两年不到的时期中,我们已看到了它所具有的若干特色,也看到了若干缺点。如何保留而且发挥这些特色,如何填补或是克服这些缺点,是今后文化运动所要努力的。在这篇论文里,我们想对于这在新的基础上面发展起来的文化运动做一个鸟瞰,一个概要的批判。

两年来文化运动的一般特征

"九一八"事变,尤其是"一二·九"运动促起了在文化界中一切方面的人一个新的觉悟, 也就造成了各种倾向的文化人在一个大目标前的逐渐互相接近——这一点是我们首先应该特别指出的。

在近两年来,我们看见许多学者,如罗隆基、梁实秋、马叙伦、顾颉刚、陶希圣、胡适、张东荪、冯友兰……诸氏都发表过许多有进步意义的文章,他们反对开倒车的复古运动, 他们指出当前抗敌救亡的重要, 他们主张唤起民众,主张全国合作,主张在政治与思想上的自由主义与民主主义。这些文章大半散见北平的各种杂志以及各种学生办的刊物中间,这里无法列举,只能就手边所有的材料略微引证一点。如胡适氏对于读经存文的复古现象始终保持着坚决的反对态度。顾颉刚氏主编的《大众知识》的发刊词中说:"我们尤其希望,和大众联络在一起,站在同一的战线上,扩大巩固我们的战斗力来对付我们共同的敌人。到了那时,你们我们是分不开的,还有什么我们你们的工作可言。"张东荪氏也曾在民主主义立场上对于全国大合作表示过极好的意见,譬如他说:"这种民主式的生活与思路有一最大的特点,就是凡事先着眼于大者而小者总可相让……所以凡是具有民主式的运动无不是以一个大的'点'来吸收许多小的'点'。对于小点有相异的意见的党派却因为对于大问题相同遂成合作。"这里虽然着重于政治方面,但自然同时也适用于文化运动方面。

是的,自"九一八"以后,一个大的"点"是逐渐地吸引了文化界的各方面的人的注意,而到"一二·九"之后,这大的"点"更成了明显的存在,把各方面的文化力量逐渐地号召到"同一的战线"上来了。这个大的"点"是什么呢? 我们借用蒋弗华氏的《青年思想独立宣言》中的话来说明吧,这"宣言"中痛切地说:"时至今日,举国民尚未能团结一致赴敌救亡,依旧枉分左右,挟争恩怨,争主权,坐待敌骑横行,中原当墟,而国人同罹浩劫",接着他又说:"我们毫不为政治而政治,不要在左派与右派之间选择谁某,所选择的只是中国民族的生和死。"虽然在这篇宣言中对于现在青年的思想的考察仍有值得商议的地方，但是"中国民族生和死"的问题是使一切教授和学者从课堂和讲义上抬起头来和现实接触的动因，这是毫无疑问的。

客观的现实逼得一切人马上回答我们要民族生呢还是要它死。假如要它生，我们不能不坚决地和侵略者的东方帝国主义者作顽强的斗争，和一切企图把中国拖往后去的"保守心理"和"反动空气"作战。爱国主义和民主主义在这新的形势下又重新露出了它们的战斗的光芒了。"我们现在需要组织全民族的抵抗，来挽救民族大破灭的危机。我们必须唤起全民族自我的觉醒。……我们当前的新启蒙运动——也就是我们当前文化上的救亡运动。在这里，我们要和一切忠心祖国的分子，一切爱国主义者，一切自由主义民主主义者，一切理性主义者，一切自然科学家……最广泛的联合起来。"

政治和文化的关系是被重新估计了，用一个固定的政治的圈子套在文化运动上面的那种倾向受到了严厉的批判。新的政治形势要求新的文化运动，这种文化运动，在两年来的实践中被证明，一定是一个民主主义的、爱国主义的(民族主义的，以民族的生死存亡为前提的)大团结。

然而这两年来的文化运动并不就是简单地回复到了"五四"时代"德赛二先生"(民主与科学)的文化运动。目前的客观形势和各社会层之间的配置固然和"五四"时代的决不相同，而且经过了 1928 年后的新社会科学的洗礼，现在的文化运动也决不只是《新青年》和《新潮》之类的刊物的丝毫不差的"重版"。——动的方法论仍然在这两年的文化运动中占着优势的地位，这一点也是我们不能忘记的。正是在动的方法论的基础上，进行了对于从1928 年后遗传下来的公式主义和宗派主义的清算工作，进行了和民主主义者和自由主义者的合作的。

公式主义和宗派主义的清算还不只是使得新的文化运动的阵营可能扩大，而且使得新的文化运动更有可能渗透入广大的群众中去。两年来文化运动者有了个一般的觉悟，就是文化运动不能始终盘旋在知识分子和学生中间，而要更大更大地扩大，不能只顾到进步的分子，而要顾到落后的、仍在封建传统思想影响下面的群众。这种觉悟就促成了国难教育的推行和通俗化运动的发展这两个工作。

对于书本的、呆板的学校教育就连有些学者也感到不满了,如梁实秋就提议过"把现在的教育制度改变一下"而实行一种能"应付目前国难"的"特殊教育"。但只是把现在学校中的课程、教育方式改变一下自然还是不够的,所以许多人都主张教育的对象应当扩大到学校之外,普及到工厂、农村一切方面,教育的方式也更要有一新的改变——"生活即教育,教育即生活",而且教育不但靠书本;演剧、演讲、闲说、唱歌,无不是设施国难教育的机会——只有靠了这样的教育方式,文化运动才能真正和大众联系起来。

通俗化运动在近两年来更是有非常成功的,自然这也是教育大众的一种方式。北平的"通俗读物编刊社"和上海有些作家利用了旧形式,用了最通俗的文体向大众说明国难的危急和自救的方法,这种努力是极可宝贵的。另外许多作家在把高级理论通俗化的工作上所达到的成功也是极可珍视的。理论的通俗化和庸俗化虽然似乎相隔只有一张纸,但差别却是极大的,因为只有靠了理论的深入,理论和实践的融合,才能开展理论通俗化。有些人以为近年来的通俗化运动的成功只是在于理论的普及这一点上,而理论本身并不曾有进步,这种看法其实是错误的。

摘自《认识月刊》,1937 年第1卷第1期。

9.茅盾①：
《国粹与扶箕的迷信——纪念许地山先生》

在《国粹与国学》一文中，许地山先生指出，一般人所认为"国粹"者，有许多实在只是"俗道"。他对于"国粹"下一定义道，我想来想去，只能假定说，一个民族，在物质上，精神上，与思想上，对于人类，最少是本民族，有过重要的贡献，而这种贡献是继续有功用，继续在发展的；才可以被称为国粹，这一定义，完全正确；然而一般的"国粹论"者也许又要辩驳道，"照这样说，你就忘记了那个'国'字。我们认为这一个字非常重要，有此一字，即表明此种'粹'仅我们——我国有之，而他人——他国则没有"。

我们所特有者，是些什么呢？"国粹论"者可以从儒家的典籍里搬出不少东西，等而下之，"俗道"也成为国粹。而扶箕之确能视为国粹，我是亲耳听得某大名公肃然正容而称道之的。不过事出意外，"拥护我们所特有"的国粹论者，在这里，忽又借他人以自重，他们郑重引证西洋也有扶箕，以证明扶箕确非迷信，确非捣鬼；那么，"国"字的尊严，岂非动摇了么？却又不然。据说，西洋虽亦有之，却万万不及中国那样神而明之，所以这一"粹"也还是"国"的。

我不知道许地山先生有没有碰到过那样的"国粹论者"，——即以他人之亦有，证明我之有之乃当然要得，但他人虽有而不能神而明之，故"粹"当然是

---

① 茅盾(1896—1981)，原名沈德鸿，字雁冰，浙江嘉兴人。中国现代著名作家、文学评论家、文化活动家以及社会活动家。代表作有小说《子夜》《春蚕》和文学评论《夜读偶记》等。

属于我们的；但是我觉得地山先生所著《扶箕迷信底研究》，确是此种"国粹论者"的当头棒喝。

二十年来，一些保守主义者和顽固派，阻碍"维新"，反对进步的法门，好像始终是两个，轮流运用，各视时会之所需。这两个，第一便是强调中国的特殊性，所谓"特殊国情"是他们的警句；因有"特殊国情"，故必须有"特殊"国政，学他人样是不行的。第二，"特殊国情论"不能说服人心的时候以便出现了相反的"逻辑"，偏偏要把"特殊的中国去和外国比拟了，譬如说，外国也有贪官污吏，所以中国有之，乃为当然之事，外国行过且还有的在行专制政治，封建剥削，所以中国有之，亦不足奇。这两个原则，也应用于"国粹论"。例如有人把西洋妇女的尖头高跟鞋和中国"国粹"的缠足弓鞋相比，而得出了弓鞋是更进一步的结论，所以是"粹"些。也有人"发见"了西洋也有过封建政治和思想，许多地方颇足与孔子之道相印证，但又不及孔"道"那么"精深"，于是我们当然是"粹"些。不错，我们也不反对是"更粹些"，因为，从封建的经济关系上所产生的思想意识，中西当然有其同处，但中国处于封建制度下三千年之久，那当然代表中国封建思想的儒家会更"粹"些了。

《扶箕迷信底研究》一书，虽然不是从正面来纠缠这些议论，却是用一个具体的关于"国粹"的问题来分析研究，以廓清这些思想上的迷雾的。

他从旧籍中搜集资料，说明扶箕的起源，箕仙及其降笔之形形色色，而剖示了达官贵人及士子们何以深信不疑的心理；他又从科学观点上，说明箕仙与"幽灵信仰"的关系，箕动与感应之所以然等等。莫看它只是一本小书（六七万言而已），只是一个小问题，然而他用力颇劬；他这苦心是容易明白的：扶箕这种半真半假的"骗术"，这种托根于人们心灵上弱点的幻术，不是三言两语，一番道理，就能破除。地山先生在结论中自述"数十年来受过高等教育底人很多，对于事物好像应当持点科学态度，而此中人信扶箕底却很不少，可为学术前途发一浩叹。……对于人事信命运，在信仰上胡乱崇拜，……因此养成对于每事都抱一种侥幸心和运气思想，这是本书所要纠正的最直接的一端，其又一端便是非科学的倒退的迷古思想与复古运动。因为无论是

"小脚崇拜""祖先崇拜""古人崇拜",乃至堂皇的本位文化论,其间有相互的血缘的关系,即同属"国粹论"之一脉,不过表现方式不同,而国粹论文之存在由于受过高等教育者对于事物不持科学态度。

这本书出版不久,许先生忽以心脏病猝发而亡故了,这是学术界一大损失。在抗战已满四年,国内文化上逆流颇为猖狂的今日,中国的抗建文化线上,极端需要像地山先生那样学养有素而思想正确的战士。我们这位敬爱的战士的肉体虽然已经不在了,但是他的精神,他的学术上的贡献,是永远活在我们心中的!

摘自《笔谈》,1941年第1期。

四

如何看待传统文化

1.唐君毅①等：
《为中国文化敬告世界人士宣言》（节选）

中国文化之发展与科学

我们说中国文化依其本身之要求，应当伸展出之文化理想，是要使中国人不仅由其心性之学，以自觉其自我之为一"道德实践的主体"，同时当求在政治上，能自觉为一"政治的主体"，在自然界知识界成为"认识的主体"及"实用技术的活动之主体"。这亦就是说中国需要真正的民主建国，亦需要科学与实用技术，中国文化中须接受西方或世界之文化。但是其所以需要接受西方或世界之文化，乃所以使中国人在自觉成为一道德的主体之外，兼自觉为一政治的主体，认识的主体及实用技术活动的主体。而使中国人之人格有更高的完成，中国民族之客观的精神生命有更高的发展。此人格之更高的完成与民族之精神生命之更高的发展，亦正是中国人之要自觉的成为道德实践之主体之本本身所要求的，亦是中国民族之客观的精神生命之发展的途程中原来所要求的。

我们承认中国文化历史中，缺乏西方之近代民主制度之建立，与西方之科学，及现代之各种实用技术，致使中国未能真正的现代化工业化。但是我

---

① 唐君毅(1909—1978)，四川宜宾人。中国现代著名思想家、哲学家、教育家，当代新儒家的主要代表人物。代表作品有《中国文化之精神价值》《中国哲学原论》《生命存在与心灵境界》等。

们不能承认中国之文化思想，没有民主思想之种子，其政治发展之内在要求，不倾向于民主制度之建立。亦不能承认中国文化是反科学的，自来即轻视科学实用技术的。关于民主一层，下文再论。关于科学与实用技术一层，我们须先承认中国古代之文化，分明是注重实用技术的，故传说中之圣王，都是器物的发明者。而儒家亦素有形上之道见于形下之器的思想，而重"正德""利用""厚生"。天文数学医学之智识，中国亦发达甚早。在十八世纪以前，关于制造器物与农业上之技术知识，中国亦多高出于西方，此乃人所共知之事。然而我们仍承认中国的文化，缺乏西方科学者，则以我们承认西方科学之根本精神，乃超实用技术动机之上者。

西方科学精神，实导原于希腊人之为求知而求知。此种为求知而求知之态度，乃是要先置定一客观对象世界，而至少在暂时，收敛我们一切实用的活动及道德实践的活动，超越我们对于客观事物之一切利害的判断与道德价值之判断，而让我们之认识的心灵主体，一方如其所知的观察客观对象，所呈现于此主体之前之一切现象；一方顺其理性之运用，以从事纯理论的推演，由此以使客观对象世界之条理，及此理性的运用中所展现之思想范畴，逻辑规律，亦呈现于此认识的心灵主体之前，而为其所清明的加以观照涵摄者。此种科学之精神，毕竟为中国先哲之所欲，因而其理论科学不能继续发展。而实用术之知识，亦不能继续扩充。遂使中国人之以实用技术，利用厚生之活动，亦不能尽量伸展。中国人之缺此种科学精神，其根本上之症结所在，则中国思想之过过重道德的实践，恒使其不能暂保留对于客观世界之价值的判断，于是由此判断，即直接的过渡至内在的道德修养，与外在的实际的实用活动，此即由"正德"直接过渡至"利用厚生"。而正德与利用厚生之间，少了一个理论科学知识之扩充，以为其媒介，则正德之事，亦不能通到广大的利用厚生之事。或只退却为个人之内在的道德修养。由此退却，虽能使人更体悟到此内在的道德主体之尊严，此心此性之通天心天理——此即宋明理学之成就——然而亦同时闭塞了此道德主体之向外通的门路，而趋于此主体自身之寂寞与干枯。由是而在明末之王船山、顾亭林、黄梨洲等，遂同感到此道德主体只是向内收缩之毛病，而认识到此主体有向外通之必要。

然因中国之缺理论科学之精神传统，故到清代，其学者之精神虽欲向外通，而在外面世界所注意及者，仍归于诸外在之文物书籍，遂只以求知此书籍文物，而对之作考证训诂之功为能事，终乃精神僵固于此文物书籍之中。内既失宋明儒对于道德主体之觉悟，外亦不能正德以利用厚生，遂产生中国文化精神之更大闭塞。但由明末清初儒者之重水利，农田、医学、律历、天文，经颜元戴东原，以直至清末之富强运动，此中仍一贯有欲由对自然之知识，以达于正德兼利用厚生之要求贯注于其中。而其根本之缺点所在，则只在此中间之西方理论科学之精神之媒介，为中国文化所缺，而不能达其目标。

中国人欲具备此西方理论科学精神，则却又须中国人之能暂收敛其实用的活动，与道德的目标，而此点则终未为明末以来之思想家所认清。而欲认清此点，则中国人不仅当只求自觉成为一道德的主体，以直下贯注于利用厚生，而为实用活动之主体，更当兼求自觉成为纯粹认识之主体。当其自觉求成为认识之主体时，须能暂忘其为道德的主体，及实用活动之主体。而此事则对在中国之传统文化下之中国人，成为最难者。但是中国人如不能兼使其自身，自觉为一认识的主体，则亦不能完成其为道德的主体与实用活动之主体。由是而中国人真要建立其自身之成为一道德的主体，即必当要求建立其自身之兼为认识的主体。而此道德的主体之要求建立其自身兼为一认识的主体时，此道德主体须暂忘其为道德的主体，即此道德之主体须暂退归于此认识之主体之后，成为认识主体的支持者，直俟此认识的主体完成其认识之任务后，然后再施其价值判断，从事道德之实践，并引发其实用之活动。此时人之道德主体，遂升进为能主宰其自身之进退，并主宰认识的主体自身之进退，因而更能完成其为自作主宰之道德的主体者。

然而我们可以说，人之道德的主体，必须成为能主宰其自身之进退与认识的主体之进退者，乃为最高的道德的主体，此即所谓人之最大之仁，乃兼涵仁与智者。而当其用智时，可只任此智之客观的冷静的了解对象，而放此智以弥六合，仁乃似退隐于其后。当其不用智时，则一切智皆卷之以退藏于密,而满腔子是恻隐之心,处处是价值判断,而唯以如何用其智,以成己成物为念。依此精神以言中国文化之发展,则中国文化中必当建立一纯理论的科学知识之世界,或独立之科学的文化领域,在中国传统之道德性的道德观念之外,兼须建立一学统,即科学知识之传承不断之统,而此事,正为中国文化中之道德精神,求其自身之完成与升进所应有之事。亦即中国文化中道统之继续所理当要求者。至由理论科学之应用以发展实用技术,以使中国工业化,则本与中国数千年文化中重利用厚生之精神一贯者,其为中国人所理当要求,自更无庸论。

中国文化之发展与民主建国

至关于民主建国之问题,我们上已说过,中国文化历史中缺乏西方近代之民主制度之建立,中国过去历史中除早期之贵族封建政治外,自秦以后即为君主制度。在此君主制度下,政治上最高之权源,是在君而不在民的。由此而使中国政治本身发生许多不能解决之问题。如君主之承继问题,改朝易姓之际之问题, 宰相之地位如何确定之问题, 在中国历史上皆不能有好的解决,中国过去在改朝易姓之际,只能出许多打天下的英雄,以其生命精神之力互相搏斗,而最后归于一人为君以开一朝代。但在君以开一朝代。但在君主世袭之制下,遇君主既贤且能时,固可以有政治上之安定。如君主能而不贤,则可与宰相相冲突,亦可对人民暴敛横征。如君主不能不贤,则外戚、宦官、权臣皆觊觎君位,以至天下大乱。然贤能之君不可必,则一朝代终必就衰亡。以致中国之政治历史,遂长显为一治一乱的循环之局。欲突破此循环之唯一道路,则只有系于民主政治制度之建立。故四十六年前,亦终有中华民国之成立。而现在之问题,则唯在中国民族迄今尚未能真正完成其民主建国之事业。

但是中国今虽尚未能完成其民主建国之事业, 然我们却不能说中国政治发展之内在要求,不倾向于民主制度之建立,更不能说中国文化中无民主思想之种子。首先我们应当知道,中国过去政治虽是君主制度,但此与一般西方之君主制度,自来即不完全相同。此种不同,自中国最早的政治思想上说,即以民意代表天命。故奉天承命的人君,必表现为对民意之尊重,且须受民意之考验。所以古来在政治制度上:"使公卿至于列士献诗……百工谏,庶人传话,近臣尽规,亲戚补察,瞽史教诲",使政治成为通上下之情的机构。同时史官的秉笔直书,天,人臣对于人君死后所共同评定的谥法,都是使人君的行为有多少顾忌。这些都是对君主所施之精神上之限制。由中国政治发展到后来,则有代表社会知识分子在政府中之力量之宰相制度,谏诤君主之御史制度,及提拔中国知识分子从政之征辟制度,选举制度,科举制度等。这些制度,都可君主在政府内部之权力受一些道德上的限制,并使中央政府与社会间,经常有沟通之桥梁。而这些制度之成立,都表示中国社会之知识分子所代表之中国文化之力量。只是这些制度之本身,是否为君主所尊重,仍只系于君主个人之道德。如其不加尊重,并无一为君主与人民所共认之根本大法——宪法——以限制之, 于是中国知识分子仍可被君主及其左右加以利用,或压迫放逐屠杀,而在此情形下,中国知识分子则只能表现为气节之士。至此气节之士之精神中,即包含对于君主及其左右之权力与意志之反抗。由此反抗之仍无救于政治上之昏乱,国家之败亡,即反照出中国政治制度中,将仅由政府内部之宰相御史等对君主权力所施之限制,必须转出而成为:政府外部之人民之权力,对于政府权力作有效的政治上的限制。仅由君主加以采择与最后决定而后施行之政治制度, 必须化为由全体人民所建立之政治制度,即宪法下之政治制度。将仅由篡窃战争始能移转之政权,必须化为可由政党间作和平移转之政权。此即谓由中国君主制度本身之发展及中国文化对于君主制度下政治之反抗与要求, 中国政治必须取消君主制度而倾向于民主制度之建立。

至于我们不能说中国文化中无民主思想之种子者, 则以儒道二家之政治思想,皆认为君主不当滥用权力,而望君主之无为而治,为政以德。此即对君权加以限制抑制之政治思想。此固只是一对君主之道德上的期望。但儒家复推尊尧舜之禅让及汤武之革命,则是确定的指明"天下非一人之天下,而是天下人之天下"及"君位之可更迭",并认为政治之理想乃在于实现人民之好恶。此乃从孔孟到黄梨洲一贯相仍之思想。过去儒家思想之缺点,是未知如何以法制成就此君位之更迭,及实现人民之好恶。禅让如凭君主个人之好恶,此仍是私而非公,而儒家禅让之说,后遂化为篡夺之假借。而永远之革命,亦不能立万世之太平。儒家所言之革命,遂化为后来之群雄并起以打天下之局。但是从儒家之肯定天下非一人之天下,并一贯相信道德上,人皆可以为尧舜为贤圣,及民之所好好之,民之所恶恶之等来看,此中之天下为公人格平等之思想,即为民主政治思想根源之所在,至少亦为民主政治思想之种子所在。

我们所以说中国过去儒家之"天下为公""人格平等"之思想之必须发展为今日之民主建国之思想与事业者,则以此思想之发展,必与君主制度相矛盾。因君主之家天下,毕竟仍是天下为私。同时人民在政治上之地位,不能与君主平等,所谓"臣罪当诛,天王圣明",则在道德人格上亦不能与君主平等。反之,如君主与人民在道德人格上真正平等,则人民在政治上应亦可言"人民圣明,君罪当诛"。若欲使此事成为可能,则君主制度必然化为民主制度。故道德上之天下为公人格平等之思想,必然当发展至民主制度之肯定。

此种政治上之民主制度之建立,所以对中国历史文化之发展成为必须,尚有其更深的理由。在过去中国之君主制度下,君主固可以德治天下,而人民亦可沐浴于其德化之下,使天下清平。然人民如只沐浴于君主德化之下,则人民仍只是被动的接受德化,人民之道德主体仍未能树立。而只可说仅君主自树立其道德主体。然而如仅君主自树立其道德主体,而不能使人民树立其道德的主体,则此君主纵为圣君,而一人之独圣,此即私"圣"为我有,即非真能成其为圣,亦非真能树立其道德的主体。所以人若真成树立其道德的主体,则彼纵能以德化万民,亦将以此德化万民之事之本身,公诸天下,成为万民之互相德化。同时亦必将其所居之政治上之位,先公诸天下,为人人所可居之公位。然而肯定政治上之位,皆为人人所可居之公位,同时即肯定人人有平等之政治权利,肯定人人皆平等的为一政治的主体。既肯定人人平等的为一政治的主体,则依人人之公意而制定宪法,以作为共同行使政治权利之运行轨道,即使政治成为民主宪政之政治,乃自然之事。由是而我们可说,从中国历史文化之重道德主体之树立,即必当发展为政治上之民主制度,乃能使人真树立其道德的主体。民主之政治制度,乃使居政治上之公位之人,皆可进可退。而在君主制度下,此君主纵为圣君,然其一居君位,即能进而不能退。纵有圣人在下,永无为君之一日,则又能退而不能进。然本于人之道德主体对其自身之主宰性,则必要求使其自身之活动之表现于政治之上者,其进其退,皆同为可能。此中即有中国文化中之道德精神与君主制度之根本矛盾。而此矛盾,只有由肯定人人皆平等为政治的主体之民主宪政加以解决,而民主宪政亦即成为中国文化中之道德精神自身发展之所要求。今日中国之民主建国,乃中国历史文化发展至今之一大事业,而必当求其成功者,其最深理由,亦即在此。

摘自《民主评论》,1958年1月号。

2.冯友兰①、涂又光②:
《中国哲学与未来世界哲学》(节选)

　　中国思想如何对未来世界哲学可以有所贡献。我只讲两点:一点是哲学使用的方法,一点是由哲学达到的理想人生。

　　中西哲学必有某种根本的相似之点,否则就没有理由把它们都叫做哲学。分析它们的相似之点时,我基本上限于它们的形上学学说,或限于有形上含义的认识论学说。因为只有在这里最容易对中西哲学进行比较。在西方哲学中我提出两个主要传统,柏拉图传统和康德传统,以供讨论,并与中国哲学中两个主要传统,儒家传统和道家传统,进行比较。柏拉图传统和儒家传统,代表着形上学中可以称为本体论的路子;而康德传统和道家传统,就其形上学或其哲学的形上学含义而论,代表着可以称为认识论的路子。有一点强烈地吸引着我,就是,尽管形上学的目的是对经验作理智的分析,可是这些路子全都各自达到“某物”,这“某物”在逻辑上不是理智的对象,因而理智不能对它作分析。这不是因为理智无能,而是因为“某物”是这样的东西:对它作理智的分析就陷入逻辑的矛盾。

　　本体论的路子,开始于区别事物的性质与事物的存在。正如柏拉图学说

---

　　① 冯友兰(1895—1990),字芝生,河南南阳人。中国当代著名哲学家、教育家,现代新儒家的代表人物。代表作品有《中国哲学史》《中国哲学简史》《中国哲学史新编》《贞元六书》等。
　　② 涂又光(1927—2012),河南光山人。著名哲学家、教育家。著有《楚国哲学史》《中国高等教育史论》《文明本土化与大学》等书。

的当代解释者乔治·桑塔耶纳所说："像公理一样自明的是：事物若没有性质就没有存在；只有有某种性质的事物才能存在。但是存在就有变化，或有变化之虞；事物能够变形，或换句话说，事物可以丢掉一个本质而拾起另一个本质。"这个路子展现出关于本质的逻辑同一性和永恒性，这些当然都是理智的对象。但是，拾起本质、丢掉本质的那个"存在"又是什么？理智在分析某一事物时，将其性质一一抽去，抽至无可再抽，只觉得总还剩下"某物"，它没有任何性质，但是具有任何性质的事物都靠它才存在。

这个"某物"，在柏拉图学说中叫做"买特"（matter）；柏拉图说它"能接受一切形式"，所以"不可以有形式"。"买特"不可分析，不是因为理智无能，而是因为凡是可以分析者一定具有某种性质。凡是具有性质者就不是叫做"买特"的"某物"了。

有些哲学家不喜欢柏拉图这个"买特"概念，想说"事件"或"物质"在作为"材料"的意义上，才是宇宙最后的存在。但是这样的想法不是严格的理智分析。我得说，这些哲学家是错在把某些代表实际科学知识的实证观念，当成最后的了，这些实证的观念不是逻辑分析得出的形式的观念。"事件"或"材料"不过是另一类的事物，还需要进一步的分析。即使接受"事件"的说法，可是一个事件或一块材料又得分解为无性质的"某物"加上某性质。

中国哲学中的儒家，从它最初之日起，就尊重"名"。认为名代表人类行为的原则或德性的本质。儒家学说这一方面的形上学含义，在朱熹的体系中发挥至极。朱熹体系成为中国正统的国家哲学，是从十三世纪起，到二十世纪初辛亥革命将帝制连同国家哲学一起推翻为止。若将朱熹的形上学体系与柏拉图的形上学体系加以比较，就会对这两位伟大哲学家的相似之处有很深的印象。不过朱熹并不认为实际世界只是理（Ideas）的不完全的摹本，而无宁是理的具体实现。在这方面，朱熹是沿着柏拉图的伟大门徒亚里士多德的路线活动的。

正像本体论的路子开始于区分事物的形式和质料，认识论的路子区分知识的形式和质料。后者正是康德所做的事。照康德说，知识的形式，如时间、空间，以及传统逻辑讨论的诸范畴，都是人的认识能力中固有的。靠这种能力人能够有知识。但是人的知识所包括的仅仅是其形式之内的东西，因而与形式混合在一起，不能分开。在理想中与这些形式有区别的东西可以叫做知识的质料，但是它究竟是什么，人不得而知。这就是康德所说的"自在之物"，或"本相"(noumenon)，人不能知道它，人只能知道"现相"(phenomenon)。人不能知道"自在之物"，并非因为人的智力不足，而只是因为，如果叫做"自在之物"的东西当真可知，它就必然也只是另一个现相，而不是"自在之物"。

因此康德主张，有个"界线"存在于知与未知之间——未知的意思不是尚未知，而是不可知。康德说，界线"看来就是占满的空间（即经验）与空虚的空间（我们对它毫无所知，即本相）的接触点"。他继续说，"不过，既然界线本身是一个肯定的东西，它既属于在它里边所包含的东西，又属于存在于既定的总和以外的天地，因此它也仍然是一个实在的肯定认识，理性只有把它自身扩展到这个界线时才能得到这种认识，但不要打算越过这个界线"。

就一个方面说，中国哲学中的道家与康德之说相同。道家也区分可知与不可知。儒家以为，名代表原则或本质，原则或本质是实际世界中事物的标准；道家则以为，名代表主观的区别，主观的区别是人类智力造成的。"名言"这个名词是道家常用的。"言"是语言，用"名言"这个名词，道家将"名"归结为语言的事，这就必然与知识相联。人的知识只能通过名言。但是名言背后、名言之外，是什么呢？那就是"某物"，它在原则上，根据定义，是不可知的。用康德的术语说，那个某物在界线的彼岸，可以描述为"虚"(void)。这恰好就是道家用来描述界线彼岸的词。道家惯于将界线彼岸描述为"无"，意思是not-being，为"虚"，意思是 void。

我只说在一个方面道家与康德相同，在另一方面道家则与康德不同。在伦理学，或康德称为道德形上学方面，他十分吻合儒家，特别是他的"无上命令"之说及其形上学基础，更为吻合。但是专就区分可知与不可知而论，康德与道家十分吻合。

但是,即使在这一方面,他们之间也有很大差别。康德似乎看出,靠纯粹理性的帮助,没有越过界线的道路。在他的体系中,不论纯粹理性作出多大努力去越过界线,它也总是留在界线的此岸。这种努力有些像道家说的"形与影竞走"。但是看来道家却用纯粹理性真地越过界线走到彼岸了。道家的越过并非康德所说的辩证使用理性的结果,实际上这完全不是越过,而无宁是否定理性。否定理性,本身也是理性活动,正如自杀的人用他自己的一个活动杀他自己。

由否定理性,得到道家所说的"浑沌之地"。若问:由否定理性,是否真正越过了界线?此问没有意义。因为照康德与道家所说,这个界线是理性自己所设。随着理性的否定,也就不再有要越过的界线了。在事实上,越过界线就是取消界线。若问:越过或取消界线之后,有何发现? 此问亦没有意义。因为照康德与道家所说,辨认一物不过是理性的功能。随着理性的否定,也就无所谓辨认了。

在道家看来,康德常用的"自在之物"这个名词,是一个十足误人的名词,因为它有肯定的意义,给人以错误的印象,好比说,我面前这张桌子只是一个假象,真正的桌子却在它的背后,那才是"自在之物"。当然,越过界线的东西不能用像"桌子"这样的词来描述,但是也不能用像"真正的"这样的术语来指称。它只能用否定的名词来表示。最后,连这个否定的符号也必须自身否定之。因此,谁若对道家有正确的理解,谁就会看出,到了最后就无可言说,只有静默。在静默中也就越过界线达到彼岸。这就是我所谓的形上学的负的方法,道家使用得最多。禅宗也使用它。禅宗是在道家影响之下在中国发展起来的佛教的一个宗派。

换句话说,描述,在根本上,是知识和理智的任务,但是在界线彼岸的东西根据定义是在知识和理智之外。想要描述彼岸的东西,就是想要用语言说出不可能也不应该用语言表达的东西。不能说它是什么,只能说它不是什么。这就是负的方法的精髓。

从知识和理智的观点看,负的方法表达的是否定的观念,一个 X,一个表示人所不知的东西的符号。如果它也算是观念，就只是否定的观念。但是在越过界线时，连否定的观念也要放弃。一旦已经越过了界线，人就不仅没有"否定的观念"，而且没有"否定"的观念。

在这里我们得到真正的神秘主义。从道家和禅宗的观点看，西方哲学中虽有神秘主义，还是不够神秘。西方的神秘主义哲学家大都讲上帝，讲人与上帝合一。但是上帝，既然全知全能，实质上就是一个理智的观念。人只要还有一个或多个理智的观念，就还在"界线"的此岸。

另一方面，逻辑分析的方法，我称之为形上学的正的方法，在中国哲学中从未充分发展。例如，朱熹的体系中，其推理的结论虽与西方哲学中的柏拉图学说有很多相似之处，其辩论和证明则远远不够充分。道家反对知识和理智，所作的辩论和证明也是如此。在这一方面，中国哲学家有许多东西要向西方学习。

过去二十年中，我的同事和我，努力于将逻辑分析方法引进中国哲学，使中国哲学更理性主义一些。在我看来，未来世界哲学一定比中国传统哲学更理性主义一些，比西方传统哲学更神秘主义一些。只有理性主义和神秘主义的统一才能造成与整个未来世界相称的哲学。这是我想在此肯定的第一点。

也许要问一个问题：所谓越过"界线"，对人生会有什么实际效果？这个问题的答案，将我引到我的第二点，它涉及由哲学达到的理想人生。

像印度哲学许多派别那样的哲学会说，人达到不可言说、不可思议之境，便与所谓绝对实在同一，这种同一的状态叫做"涅槃"。人一达到涅槃，便能解脱"个人不死"。个人不死，西方的人以为乐，印度传统以为苦。中国哲学不如此极端。按中国传统，越过界线的实际效果，是提高我想称为的人的生活境界，以改进人生。

我在《新原人》一书中曾说，人与其他动物的不同，在于人做事时，能理解他在做什么，并能自觉他正在做它。他在做的事对于他的意义，正是这种理解和自觉给予的。由此给予他各种不同活动的各种不同意义，这些意义的整体,构成我所称的他的生活境界。

不同的人可以做相同的事,但是根据他们不同程度的理解和自觉,这些事对于他们可以有不同的意义。每个人各有他自己的生活境界,与其他任何人的都不完全相同。不过撇开这些个人的差异,我们可以将各种不同的生活境界划分为四个概括的等级。从最低的说起,它们是自然境界,功利境界,道德境界,天地境界。

一个人可以单纯地只做他的本能或其社会风俗习惯引导他做的事。像儿童和原始人,他对所做的可能并不自觉,或对他正在做的并无很多理解。这样,他所做的事,对于他若有意义,也是极少。他的生活境界,我称为"自然"境界。

或有人可能意识到他自己,做一切事都是为了他自己。这不是说他一定是不道德的人。他可以做某些事,其后果是利他,其动机是利己。他所做的一切对他自己都有功利的意义,他的生活境界,我称为"功利"境界。

再有人会进而理解,有社会存在,他是社会的成员。社会构成整体,他是这个整体的一部分。照这种理解,他做一切事都是为了社会利益,以道德命令为无上命令。在道德一词最严格的意义上,他是真正道德的人,他所做的是道德行为。他所做的一切都有道德的意义。因此,他的生活境界,我称为"道德"境界。

最后有人进而理解,在作为整体的社会以外,还有更大的整体,这就是宇宙。他不仅是社会的成员,同时还是宇宙的成员。本这种理解,他做一切事都是为了宇宙利益。他理解他做的事的意义,自觉他正在做他做的事这件事。这种理解和自觉为他构成更高的生活境界,我称为"天地"境界。

这四种生活境界,前两种是实是的人的产物,后两种是应是的人之所有。前两种是自然的赐予,后两种是精神的创造。自然境界最低,接着是功利境界,然后是道德境界,最后是天地境界。其所以如此,是因为自然境界几乎不需要理解和自觉,而功利、道德境界则需要多一些,天地境界需要最多。道德境界是道德价值的境界,天地境界是可以称为超道德价值的境界。

按照中国哲学的传统，一般地说哲学，特殊地说形上学，其功用是帮助人达到精神创造的那两种生活境界。天地境界必须看成哲学境界，因为若非通过哲学得到对宇宙的某种理解，就不可能达到天地境界。但是道德境界也是哲学的产物。道德行为并不单纯是符合道德律的行为，道德的人也不是单纯养成一定的道德习惯的人。他的行为，他的生活，必须含有对相关的道德原则的理解，否则他的生活境界简直可能是自然境界。哲学的任务就是给予他这种理解。

在中国哲学中，道家强调在最高的生活境界中可能有的快乐和幸福。但是在儒家看来，提高人的生活境界到最高境界，不光是个快乐和享受的问题，而是实现人之所以为人者。一个人，作为某种特殊一类的人，例如工程师或政治家，可能是完人，而作为人则可能不是完人。只有在最高的生活境界中人才是完人。哲学的功用是训练人成为完人，完人的最高成就，是与宇宙合一。

但是宇宙不能是理性的对象。在哲学中我们称为宇宙者是一切存在的总体。它相当于道家所说的"大一"。照他们所说，由于大一是一，所以不可言说、不可思议。当我们说"大一"时，已经是二了：一个是所说的大一，一个是说大一的说。

用现代逻辑的话说，当我们思一切存在的总体时，我们是在反思，因为我们是要把我们自身和我们的思都包括在总体之中。但是当我们思总体时，在我们思中的总体在逻辑上就不包括思总体的这个思。所以我们所思的总体不是一切存在的总体。严格地说，一切存在的总体，是思想的一个观念，但是是这样的观念，将欲得之，必须失之，而将欲失之，必先得之。

在《理想国》中，柏拉图说，哲学家必须从感性世界的"洞穴"提高到理智的世界。如果哲学家在理智世界，也就是在天地境界。可是生活在天地境界的人，其最高成就是他自身与宇宙同一。刚才我们说过，宇宙不能是理性或理智的对象。所以人自身与宇宙同一时，人也就否定理智，这与"越过界线"的情形相同。

　　个人与宇宙同一，在斯宾诺莎学说中是对上帝的理智的爱。他也似乎说上帝是一切存在的总体。但是如果上帝真是一切存在的总体，它就不能是爱的对象，正如它不能是理性的对象。人不可能爱它，除非人自身与它同一。这个同一，必须由否定理智来完成，因为只有否定理智，人才能实现与不能是理智或理性的对象者同一。可是这个同一就是理智的爱，因为理智的否定本身就是理智的活动。斯宾诺莎没有把这一点讲清楚。

　　"越过界线"的人，化入"浑沌之地"。但是这个化，必须经过理性而否定理性来实现。否则所得的生活境界不是第四种，而是第一种，不是最高，而是最低。在一种意义上，赤子处于威廉·詹姆士称之为纯粹经验的状态，也是生活在"浑沌之地"。但是赤子并未化于那里，只不过是在那里。赤子生活在自然境界，自然境界是自然的赐予，不是精神的创造。为什么在越过界线之前，必须对界线有清楚的理解，道理就在此。为了消除理性，必须充分运用理性。为什么真正的神秘主义之前必须有真正的理性主义，为什么负的方法必须结合正的方法，道理就在此。

　　主张否定理性的哲学，看起来似乎一定是出世的。并非必然如此，虽然一个真正的哲学不可能仅只是入世的。它是出世的，在于试图消除人的自私和卑鄙，但是这不必意味着排除对世间日常事务的兴趣。一个真正的哲学既是出世的，又是入世的，强调在人类生活的日常事务中实现最高的生活境界。

　　实现这个实现，是中国哲学传统的主要目的和主要问题。在我的《新原道（中国哲学之精神）》一书中，曾力求说明，这个问题一直是中国哲学进展的口心，从孔子时代直到现在。

　　天地境界中的人，中国哲学称之为"圣人"，圣人并不能作出奇迹，也无须试作。他做的事不多于常人，但是具有较高的理解，他所做的就有不同的意义。换句话说，他在"明"的状态中做他做的事，别人在"无明"状态中做他们做的事。这是他的理解的结果，构成最高的生活境界，由他在人生日常行事中实现之。按照中国的传统，这就是由哲学实现的理想人生。

　　中国哲学对人生启示的就只是这个公开的秘密。它不过是将人生当作一个自然的事实，努力在精神上改进它，以求使之尽量地好。这里并非简单地是一套道德说教或宗教教条，如有些人设想的。这里是一种年代久远的尝试，要改变日常生活的意义和价值，使之具有在最好意义上的最高价值。这说明为什么，通贯中国历史，哲学能指导精神生活而毫无超自然主义，又能指导实际生活而不低级庸俗。中国若能对未来世界哲学作出贡献，那就是这个公开的秘密：就在日常生活之内实现最高的价值，还加上经过否定理性以"越过界线"的方法。

　　摘自《哲学研究》，1987年第6期。

3.梁漱溟①：
《今天我们应当如何评价孔子》

孔子在中国历史上的地位

中国古人理性早启，文化早熟，一贯地好讲情理，而孔子则是其关键性的人物。以下将说明之。

往者夏曾佑著《中国古代史》，有云"孔子一身直为中国政教之原，中国历史孔子一人之历史而已"。柳诒微著《中国文化史》，有云"孔子者中国文化之中心；无孔子则无中国文化。自孔子以前数千年之文化赖孔子而传，自孔子以后数千年之文化赖孔子而开"。两先生之言几若一致，而柳先生所说却较明确。

社会大于个人，个人出自社会；不能把任何一个人看得太高太大，脱离实际。一切社会都有其历史背景，一切所表现的事物莫不从过去历史演变而来。一切创造莫不有所因袭而成，无因袭即无创造。孔子自称"述而不作"是老实话。

事物经过亦正是这样的。说"孔子以前数千年文化赖孔子而传"者，古先的文化（历史事实、学术思想）不能不靠典籍文字以保有传递于后，而传于后

---

① 梁漱溟（1893—1988），原名焕鼎，字寿铭，广西桂林人。中国著名思想家、哲学家、教育家、社会活动家、现代新儒家的早期代表人物。著有《中国文化要义》《东西文化及其哲学》《唯识述义》《中国人》《读书与做人》《人心与人生》等。

的我们这些典籍如诗、书、礼、乐、易、春秋不全是经过孔子之手整理一道，用以教人而传下来的吗？其他有些传授是靠人的，如射、御、习礼、作乐之类，同为当时文化内容，同在当时孔门教学之中。从事传习古文化者难说就只孔子一人。但孔子好古敏求，学而不厌，诲人不倦，殆为人所不及，同时他亦有机会有条件从事于此。试看《史记·仲尼弟子列传》《史记·儒林列传》及其他载籍（如汉唐史书），诸讲习传布往古学术者非在邹鲁之乡儒家之徒乎？

但在农工生产方面，当时孔门未加学习，这是因劳心劳力社会上必要分工之故。

无疑，凡我所说的情理和理性充分地寓乎那古经书中，却惜学徒们，尤其后世学徒们总把功夫用在讲解记诵书文上，鲜能回到自家身心生活上有所体认和存养，就不能真切地接续发挥理性主义。从汉唐以至清代，其代表儒家者不过是经学家而已。宋儒明儒比较能在身心性命上理会孔门之学，但亦限于环境条件不能大有所发挥。凡此都缘理性之启，文化之熟过早，是不能责怪后人的。

说孔子以前的上古文化赖于孔子而传者，其文化大要即如是，其流传也大要即限止于是；其功在孔子，其过不在后人。

说孔子以后数千年文化赖孔子而开者，其根本点就在二千五百年来大有异乎世界各方，不以宗教为中心的中国文化端赖孔子而开之。或认真说：二千五百年来中国文化是不以环绕着某一宗教为中心而发展的，寻其所从来者盖甚早甚早。而其局面之得以开展稳定则在孔子。再申言之：一贯好讲情理，富有理性色彩的中国社会文化生活，端由孔子奠其基础。

试分层作些说明如下：

（1）当周秦之际诸子百家争鸣，孔子显然只是一学派的创始者，如同老子所代表的道家，或以墨子为首的墨家那样。客观上从未被人作宗教看待。

（2）然而这派的学风和其教导于人的，十分适合社会需要，到汉以后发展流布，其在社会上所起的作用却渐渐等若一种宗教。同时，亦因历代统治阶层加以利用，摹仿着宗教去装扮它。

（3）从本质上说，它（儒家）不是宗教，而是人生实践之学，正如他们所说"践形尽性"就是了。践人之形，尽人之性，这是什么？这是道德。上文说了，道德之真在自觉自律；而宗教信徒却接受规范于外，与此相反。

（4）兹且举孔子如何教人自觉自律的两事例以为明证：例如宰我嫌三年丧太久，似乎一周年亦可以了。孔子绝不直斥其非，和婉地问他"食夫稻、衣夫锦，于汝安乎？"他回答曰："安。"孔子便说："汝安则为之。夫君子之居丧，食旨不甘，闻乐不乐，居处不安，故不为也，今汝安则为之！"既从情理上说明，仍听其反省自决。又例如，子贡欲去告朔之饩羊，孔子亦只婉叹地说："赐也，尔爱其羊，我爱其礼！"指出彼此之观点不同，而不作何断案。宗教上总有许多礼，儒家同样极重视礼；但在孔门竟可以随意拿来讨论改作。这就是理性主义，一反乎宗教的迷信与独断（dogmatism）。

（5）据传周公（这是儒家最尊奉的往古圣人）制礼作乐，其祭天祀祖以及其他典礼，似从古宗教沿袭而来，形式少变，但精神实质却变了。其变也，在大多数人或不觉，而在上层人士则自有其理会受用，从广大社会来说，但起着稳定人生的伟大效用。

周公的制作是具体事物，而孔子则于其精神道理大有所领悟，以教之于人。"礼崩乐坏"的话见之甚早，殆即指周公当初制作者而说。此具体的礼乐制度保持不了，其传于后者有限而由孔门的理性学风及其谆谆以情理教导于人者，却能使人头脑心思开明而少迷信固执，使人情风俗趋于敦厚礼让，好讲情理。两千年来中国对外居于世界各方之间，其文化显著异采，卓然不群，而就它如此广大社会内部说，其文化竟尔高度统一者，前两千五百年的孔子实开之。

以上所说是两千年传统文化的正面，亦即其积极精彩之一面；还必须指出其负面，亦即其消极失败之一面。首先要看到它严重的消极性。在社会经济上，物资生产力长期淹滞，内地农村多不改其自然经济状态。在国家政治上，则融国家于社会，天下观念代替了国家观念，在内以消极相安为治，对外务于防守，犹或防守不了。旧著《中国文化要义》曾指出有五大病，此消极性而外，其一是幼稚：凡古宗法社会、古封建社会之形态迹象往往犹存；其二是老衰：历史既久，浸浸一切入于僵化凝固，徒存形式，失其精神，如后世所称"名教""礼教"者难免成为人生桎梏。其三是不落实：往往离现实而逞理想，即以理想代替事实。其四是暧昧而不明爽：如有宗教无宗教，是国家非国家，是宗法非宗法，是封建非封建，有民主无民主，有自由无自由，……既像如此，又像如彼，使人有疑莫能明之感。凡此五病总坐在理性早启、文化早熟。孔子既于此有其功，同时就要分担其过。

孔子在中国四五千年文化史上为承前启后的关键性人物，如上已明。孔子的功罪或其价值如何即视中国文化在世界史上表现出的成功失败而定之。试析论于后文。

西人所长吾人所短，长短互见，各有得失

吾人过去两千年的传统文化与西洋近代文化相遇，一百多年来节节挫败，不能自存，被迫变法维新，崇尚西学，以迄于今，是则西人有其所长而吾人大有所短，事实甚明。究竟彼此长短何在？五四运动中有打倒"孔家店"的呼声，而以"塞恩斯"和"德谟克拉西"相标榜，大体是对的。但不能抄袭他人文章，仍须走自己的道路。

旧著《乡村建设理论》曾指明吾人传统文化所短，有待吸收近代西人所长，以为补充改造者二事：其一曰团体组织，又其一曰科学技术。前者相当于德谟克拉西，后者亦即塞恩斯，似无甚不同。然此文化上补充改造之大业，正是对于相沿极久的社会结构、社会秩序作一度根本性的大变革——大革命。近代西方科学是反宗教的，自由民主是得之于反封建的，皆属资产阶级革命之事。其革命是自发性的，亦即从身体出发的革命。我说不能抄袭他人文章者。正谓中国不能抄袭资产阶级革命耳。

说仍须走自己道路者，又何谓乎？要晓得中国自古早有人民为主体的思想信念，但在"民有""民治""民享"三点上，并民治（by the people）的理想亦不见，更无论其实施。其病根在依重家族生活，而政治一向主于消极无为。今所

急待补充者在从散漫进于组织。果从经济生活上学习组织合作团体入手,则政治上就能逐渐实现民治。否则"主权在民"是空谈。人民为主体,原属于情理。在团体组成后,团体成员(个人)一面应以团体为重,而在团体一面则又应以其成员为重,此即互以对方为重的伦理情谊。旧日伦理总是此一人与彼一人的关系,新的伦理则重点转移在团体与个人关系之间。必如此,乃为善于取长补短。

就在经济生活从散漫入于组织的进程中,有一点组织,引用一点科学技术于生产和生活上;因科学技术的利用促进组织的发展,组织的发展又转而引进科学技术;如是循环推进,是我当年的设想,其中包含着农业引发工业,二农又互相推进。此不独实现民治之可期,抑且工农百业将掌握于社会。避免资本主义,成就社会主义。这是在取彼之长补我之短的时候循从高度自觉而行,大不同乎过去西洋盲目自发的革命。

不待言,我的一切设想落空了(有检讨文另见)。然而循乎晚清以来从心出发的民族自救运动,卒有近五十年共产党领导的社会主义革命,请看不是夏进于高度自觉性吗? 其于传统文化的补充改造,不是从团体组织(组党、组织统一战线、组织农民互助合作)入手吗? 科学技术的吸收融取,不是一步一步(大小并举、土洋并举、两条腿走路)接着而来吗? 不总是走自己的道路吗? 这是由几千年历史背景之所决定,中国民族自是不会步趋于西洋资产阶级之路的。

读者详审上文"一个分析贯彻全文"和"从物理情理之不同谈到西洋人与中国人之不同"那两段话,不难明白近世西洋人正是发挥了理智,多所察识于物理;而由身体势力过强乃于情理若明若昧;同时不难承认中国古人果然是理性早启,好讲情理成风,而未能致力于物理知识之讲求,生产技术大大落后于西人。百多年前,鸦片战争后,既孜孜翻译西书讲求西学矣,直到今天新中国急起追赶所谓世界水平者,不仍就是科学技术方面吗?

我握笔行文至此,适当新中国建立 25 周年前夕(注:1974 年 9 月 24 日)。25 年间此追赶工程进行之敏捷惊人,例如试验氢弹、如卫星游行天际,种种成功,均不借外人最是出人意表,举世为之失色。此岂有他哉? 理性早启的中国人头脑焉得不聪明耶? 一旦用其聪明于这一方面,那便很快地出色当行。以如此优秀民族,其社会物质生产力故迟迟不进,千年之后几无异于千年之前者,其成就别有所在也,流俗自不察耳。

吾人之成功何在? 即此人多地广,在空间上民族单位开拓之大,举世莫比,非其成功之可见者乎? 尤其是以自己独创之文化绵远其民族生命,在时间上历史悠久,举世所莫及,非其成功之可见者乎? 正赖有此伟大悠久的根底,乃在近百年挫辱之后,卒有今天的复兴,不是吗?

我民族在世界史上有卓异之成功,事实具在,不待更说;有待说明者,其成功之所由来。试一申说之如后。

若问此成功何由而来,扼要回答,那便是肇兴自古的"非宗教性文化"。这文化——具体指出——大约根本在周公制作的礼乐制度,而孔子理性主义的教导,仍得以在礼崩乐坏之后略略传衍下来。卒之以教化取代宗教为社会文化中心,对于现世人生郑重从事是其特点。此教化非唯取代了宗教而且取代了政治(强力政治)。近二千年间(乱世纷扰之局不计)中国当政者总是积极于兴教化,而以消极不扰民为政治铁则。即此取代宗教又取代政治的传统文化,陶养得中国人一副性格和作风最能把异族人同化吸收进来,拓大其民族单位。大约从上古所谓蛮夷、戎狄后来所谓"五胡",一直到辽、金、元、清,不论征服或被征服,总之先后都被同化了,泯灭其族系,很少有例外。此最能同化异族人的性格和作风,可以两言括之:一曰开明无执,又一曰仁厚有容。

宗教原是团结人群的,但同时它又偏能分裂隔离了人群。欧洲的神学家每谓实现世界人类的和平统一要靠基督教,其实就在基督教各教派之间都不见一点显微小的和解可能,更谈不到他们与天主教之间,天主教与东正教之间了。印度是世界上宗教最盛且多的地方,而世界上也再没有像印度社会内分裂隔阂,支离破碎,那样深刻严重的了。这是为什么? 宗教从来是教条主义者,而且其教条之所本超绝神秘,全在于信仰。信仰此者,其势与信仰彼者分家。自己有所固执便无法与旁人合得来。迷信固执既是宗教信徒的恒情，则其陷于分裂，各立门户，岂不是当然之事乎？印度社会之陷于支离破碎全是其迷信固执之结果。

事情很明显，取代了宗教的中国传统教化，养成了好讲情理的民风，头脑便开明许多。尽管琐碎迷信流行不绝，又渐有外来宗教输入内地，却总无关大局。乡间小庙每见关帝、观音一同祀奉，知识阶层或好为"三教同源""五教（儒、释、道、耶、回）合一"之谈。人们说："教虽不同，其理则一，总是教人学好行善的呀。"此可见其直接地信理，间接地信教。中国人喜好融通调和。物理存于客观，是调和不来的，而人与人之间的行事却免不了出以调和。调和融通正亦是一种情理。汉族对于他族杂居者之习俗恒表相当尊重，所谓"因其风不易其俗，齐其政不易其宜"，不强人从我；这实是有利于彼此接近同化之一面。

更有积极重要的一面在，即是：随着日常行事自处待人之间启发人的情理自觉。理性主义者正是以人所自有的理性来领导人，而不是其他。自觉自律良不易谈（十分不易谈），却是孔孟之为教，其祈向在此。凡此所云同化者，正不外使人有他自己，而非舍其自己以从我，此其所以同化力之强乃莫可比也。

从上叙说，开明无执已经联及于仁厚有容。这是指中国人的性格和作风宽宏和厚、善能容物。中国社会组织建筑在伦理情义联锁关系上（见前文），伦理关系涵括着所有相遇之人在内，彼此间主要以相与之情代替相对之势。数千年来除战国时代见有富国强兵的思想外，人们总是希望天下太平。天下是没有边界的，而国与国之间却有对立性乃至对抗性。前者代表通而不隔之心，后者代表既分且隔之身。异族相遇相处，其易于同化融合于我者，岂不在此乎？全欧洲的人口数量、土地面积与我相埒，我则浑融一事，而欧洲却分为大小数十国。欧人在经济生活上水陆交通上彼此往来密接相依，却不能统合为一大单位者，其身近而心不近也。吾人经济落后甚远，交通不便之极，却在文化上高度统一，政治上亦以统一为常者，是所疏远者其身耳，心理精神有其通而不隔者在。不是吗?

　　唯其民族单位拓大,是以其民族历史易得延续久长;同时,亦正以其民族生命绵历之久乃日益拓大,两面互为因果,卒有今天的局面。既然中西比较,长短互见,从古到今,成败不一,则为其绝大关键人物的孔子功过如何,不已昭然可睹乎? 过分抑扬,贤智不为。

　　摘自《梁漱溟全集》(第7卷),山东人民出版社,2005年,第295~304页。

4.杜维明①:
《儒学价值的重塑与未来走向》(节选)

在下一个 10 年中,儒学、儒家思想的发展,会遇到很大的挑战。任何一个传统的发展,用乐观和悲观恐怕不能够描述现在的构想。我提到儒学第三期发展的前景:第一期是儒学从曲阜变成中原文化的主流;第二期从中原变成东亚文明的体现;第三期就是能不能走出东亚,面向全球? 从这个角度来看,它发展的趋势是向这方面走。这过去的 10 年里,已经很明显了,下一个 10 年这个趋势可能更明显。这并不是乐观和悲观的问题,任何一个有生命力的传统,如果要进一步的发展,它自己的核心价值,它的开放、多元、自我反思、自我批判的能力一定要保持。但儒家很可能被政治化,可能被与儒家核心价值相违背的力量所腐蚀,譬如儒家是非常重视社会的和谐,但是和谐变成协同一致,这是"和"还是"同"? 儒家的"和",差异化非常重要,"和而不同"。完全把"和"的价值机械性地消解成"同",对儒家是一个非常大的冲击。儒家一直有非常强烈的自我反思能力,乃至对政治、社会批判的能力,甚至抗议的精神。假如说这成为支持现实利益的一种借口,或者作为一种工具,是很危险的。另外,现在很明显大家开始重视儒家的价值,但可能助长狭隘的民族主义,不仅可能会使中国人觉得很自信,而且变得很傲慢,甚至完全把儒家当

---

① 杜维明(1940—　),广东南海人。著名学者,当代新儒家学派的代表人物。著有《传统的中国》《现代精神与儒家传统》《儒学第三期发展的前景问题》《行动中的宋明儒家思想:王阳明的青年时代(1472—1509)》等。

成软实力,这也是不健康的。软实力是美国提出的,是美国在世界霸权的一种体现,除了军事、政治、经济,还要有文化的力量。我觉得下个 10 年,应该是一个多元的、开放的价值观。我们强调自己的核心价值,同时可以和其他各种不同的、比我们先进的、或是比我们后进的世界共同分享这些核心价值,而不是塑造一种向西方,或者像其他地方纯粹挑战式的软实力。中国有天下的观念,所以不是完全停留在国家利益,有超越国家利益,甚至可以说超越人类中心的一些基本理想。这些,都应该能让它发挥积极作用。

儒学是和平崛起的核心价值

中国,是一个和平崛起的国家。但一些东南亚国家对中国这样一个不确定性力量的崛起仍有忧虑。

在未来 10 年,儒学能不能帮助中国找到一条比较和平的,同时让其他国家放心的崛起之路?其实,从文化中国的几个文明,可以发现一些特色。首先它们都是学习型的文明,日本、韩国、越南,包括中国在内,都是乐于与外界对话的文明,同时也比较宽容,各种不同的宗教,各种不同的价值,能够和平共存,能够有一种包容的气象。

而亚细安国家(东盟各国)的运作机制,受到印尼爪哇文化的影响,所以亚细安是非常成功的一个地域化的情况。因此,我觉得中国,特别是文化中国所代表的这一地区,也有很丰富的精神资源。

从人的观念来出发,它具有包容的气象,包括公益、同情、责任、互信这些基本价值,特别是由于东南亚发展的非常快,总能感觉到一种自信的倾向。但是不能够把儒家的文化工具化,作为一种软实力来应对冲突,要把这些核心价值当做自己的内在价值。我们确信,将来国际社会的重组要依靠传统的文化才能起到作用。一方面我们对自己的文化传统核心价值有信心,另外我们要把它付诸实施。

从历史发展的一个坐标来看,当前的中国与今后的 10 年,在历史坐标上居于一个什么样的位置?

其实，这段时间非常关键。因为从鸦片战争到改革开放，中华民族一直在屈辱、悲愤中忍受着很多外在压力，却感觉到无能为力。目前，经济上面出现了新的动力，尽管也碰到很多内在的困难，但毕竟为文化的发展创造了条件。中国文化在中国和平崛起的过程中，也起了很多积极的作用。下一步就是逐步建立这个文化平台。如果这个平台能够建立，我想可能从鸦片战争以来，是第一次又能够和传统中国的精神命脉重新接起来。

文化认同的形成需探讨

现在中国的经济飞速发展，政治方面也开始有影响力，但我们想传播到世界的信息是什么？我们自己文化的凝聚力是什么？这仍是个问题。我很希望它是开放的、多元的，而不是狭隘的。比如像社会主义，自由主义，儒家的人文精神这几方面，如何能够通过一个公共的领域来探讨，来对话发展成为一种共识。这个共识，不仅仅是在知识精英中，而且在各个不同的领域中间都能发挥它的积极作用。

文化认同固然很重要，但我更大的担心还是市场经济所导致市场化的出现上。诚信问题、法律制度，以及太多的潜规则，这些都会使中国在经济方面受到很大冲击。比如说，法律制度不能建构，经济的进一步发展就会有很大的困难，在文化上面当然也会受到非常大的创伤。每个人都有每个人不同的专业和专注点，我所关注的问题是文化认同，以及中国文化能够向世界传播什么样的信息，怎样进行文明对话，怎样使得文化在各国间的互动能越来越健康，越来越频繁。

市场经济会在下一个 10 年对中国的传统文化形成特别大的冲击或挑战。假如市场经济的本身是创造财富，可以开发很多的资源、很多的动力，那么这对文化的发展，绝对有很大的好处，也能提供很多发展空间。但是当市场经济改变了整个社会，让社会成为了市场社会时，那就是大灾难，文化也会受到非常大的干扰。

公共领域的扩大，公共价值的涌现，或者通过负责任的言论讨论与辩论对话，使政治在形成的过程中，越来越全面，越来越开放，越来越有长远规划，而不是着眼于短期效应，这是最好的一条路，这也是在某种意义上的民主化进程。

我梦想中的中国，是一个精神文明的大国。精神文明的大国，是建在人民的富强、康乐的基础上。第一我们要成功，我们要站起来；第二我们要追求意义，追求核心价值。通过这种方式，我们要推己及人，利己利人，自己能够发展，也希望比我们更糟糕的地区能够发展。在世界层面上，我们不仅要对中国，也应该对世界有责任感，乃至于对人类有责任感。人类要突破人类中心主义，才能够对现在所生存的地球作出积极贡献。中国要作所谓精神文明的大国，那么走出的这条路就不是只有中国人能走，而是世界上所有人都能分享。人类现在最危险的大问题，就是存活问题，这条宽广的人文精神之路，能为人类找到一种新的归宿。儒家全面、深刻、能够整合的人文精神，会成为各个不同民族的参照。

摘自《科学导报》，2010年1月25日。

5.李泽厚①：
《新儒学的隔世回响》

活着的汉文化心理结构

什么是儒学(或儒家、儒教)？有人说，儒学是相对于道家、法家、阴阳家、墨家的一种学说、学派、思想。但这个说法只能应用在先秦的孔子、孟子和荀子上面。后来的儒学吸收了大量的道家、法家、阴阳家、墨家、佛学很多思想，那还算不算儒学？

陶渊明算不算儒家？从朱熹、梁启超到陈寅恪，都有不同意见。有说是儒，有说是道，有人说是外儒内道，我也可以说他是内儒外道。到了近代更麻烦。康有为打着孔圣人的旗子，但在《大同书》里，很重要的一章却是"破家界，作天民"，结婚还需订契约。他属于什么家？章太炎也同样麻烦，他写了一篇《五无论》，"无政府""无人类"，什么都不要。那他是什么家呢？章太炎骂过孔子，但他又是古文经学家；古文经学当然是儒家的一个派别。

再后一点有鲁迅、胡适，他们都说打倒孔家店，还算是儒家吗？但鲁迅对母亲的孝顺和胡适对发妻的忠诚，行为上又完全是儒家的影响。以牟宗三为首的现代新儒家认为，真正算儒家的，除了孔、孟以外，就到宋明理学，周敦

---

① 李泽厚(1930—)，湖南长沙人。著名哲学家、美学家、中国思想史学家。著有《美的历程》《美学四讲》《华夏美学》《中国(古代、近代、现代)思想史论》《批判哲学的批判》《走我自己的路》《李泽厚哲学美学文选》等。

颐、张载、二程、朱熹、王阳明等人算是儒家；其他的人，甚至汉代的董仲舒都被排除在外了。那么，董仲舒、王安石、柳宗元等，他们不像法家，道家也不像，阴阳家也不像，他们像什么家呢？岂不是"无家可归"了吗？《汉书》里头写得清清楚楚，董仲舒为"群儒之首"，是儒家的首领。这样看来，牟宗三的儒家定义未免太狭窄了。

其实，在传统中国，只要是读书人，一般都算是儒生，因为他们读的主要是四书五经，受的是儒家教育，相信孔夫子所说的那一套。《儒林外史》描写的，林林总总，不都算"儒"吗？这是最广义的儒家。

我认为儒学是已融化在中华民族——称他们为汉族、华人也好——的行为、生活、思想感情的某种定势、模式，称之为"文化心理结构"。我认为儒家最重要的是这个深层结构。

农民一直占中国人口的大多数，到现在还是一样。他们不一定知道孔夫子，也不拜孔夫子。但他们的生活方式、人生态度、价值取向、思想方式、情感表达，全部都受儒家影响。他们重视家庭生活、孝顺父母、拜祖先、慎终追远，这都是儒家思想，尽管他们本身不一定知道。他们的人生态度、生活方式，就是要很勤奋、不偷懒。所以，华人不管在哪里，一直都很勤快，都能够生根发展。印度的和尚是化缘过日子的，中国的和尚当然也化缘，但强调自力更生，寺院有自己的土地，和尚本身也要干活。宋朝的百丈清规规定"一日不做，一日不食"，这恐怕就是儒家渗透进去了的。佛都讲爱护众生，挖土会杀害生命，也是罪过呀！儒家就是没有这个问题。所以，一般农民、和尚不拜孔夫子，但还是接受了儒家。

中国人的价值观念非常重视此生，虽然也祭拜鬼神，其实是一个世界，天堂、地狱等等另一个世界事实上是为这个世界服务的。拜神求佛，是为了保平安、求发财、长寿，对于基督教是不一样的，所以，我说中国的神不只救灵魂，更重要是救肉体。有些宗教强调拯救灵魂，甚至认为必须折磨肉体才能得救、走入黑暗才能得救。但儒家不然，儒家也不特别重视纯灵魂的拯救，我开玩笑说，中国人的负担很重，死了还有责任，保护活在世间的子子孙孙，死了也还是属于此世间的。这不是道家，也不是佛家的东西。但这些东西到现在还保存下来，是重要的方面。

又比如，中国人是很实际的，两个人吵架，调解人总算了吧、算了吧！并不讲谁对谁错，和解了就行、不吵了就行。我小时感到奇怪，总要说个谁是谁非，到底是你对还是我对嘛！西方就不一样了，经常要上法庭，找律师，搞个是非判决，但上法庭有时搞得两败俱伤、人财两空。中国人一般不大愿意打官司，请中间人这边跑跑那边跑跑，调解了事，以和为贵，是非不必要搞得太清楚。这倒是真正的儒家精神。

所以，我重视儒家，并不是因为它死了，要把它救活。由牟宗三为代表的现代新儒家说儒家死掉了，要救。我觉得情况恰好相反，正因为它还活着，我们才重视，要把无意识的变成意识的。老实说，如果真死了，凭几个知识分子是救不活的。因此，儒学不能变成深奥难懂的哲学理论，变成少数人的东西，那意义不大，也失去了儒家的基本精神。儒家的基本精神恰好在于它对塑造民族的文化心理结构起了很大的作用。

梁漱溟先生说，"孔子的学说不是一种思想，而是一种生活"。这句话看来简单，其实十分深刻。

半哲学半宗教的儒

儒家是哲学还是宗教？这也是有争论的问题。有人认为是宗教，但大部分人认为是哲学。孔子没有说：我是上帝的儿子或天之子，他是普通人，"吾非生而知之者"，说得很明白。

他没有像耶稣一样创造奇迹，把盲人的眼睛一摸，眼睛就亮了。他老说：我只是好学。儒家没有人格神的观念，也没有宗教性的组织。孔子说"敬鬼神而远之"，他不否定、也不肯定鬼神的存在。说"未知生，焉知死"；"未能事人，焉能事鬼"。孔子的态度很有意思，相当高明。这令我感到惊讶！因为到现在为止，科学也不能证明鬼神到底存不存在。

从这个角度来衡量的话，儒学的确不是宗教。海内外学者因此认为，儒家就是哲学；我觉得这也有问题。儒家对一般的人民起的作用，不是哲学或哲学家——不论是苏格拉底、柏拉图、亚里士多德，还是康德、黑格尔等所能企及的。哲学主要对某些科学家、知识分子起作用。孔子不一样，他的学说有点像西方的《圣经》，很长的时间对一般老百姓起了重要的影响，像上面讲到的那些，就不是哲学家所能起的作用。

因此，说宗教儒家不是宗教，说哲学儒家不是哲学。西方哲学一般讲究理论系统，儒家却很少去构成真正的大系统，讲究的是实践。所谓"礼者履也"，工夫即本体等等。假如远离行为去构建一套理论体系，在儒家看来，是没有意义的。中国逻辑不发达也有这个原因在内。

西方哲学家，可以躲在房间里，想自己的，不管实际，理论本身就有它的意义。但是，不管是孟子、荀子以及后来的宋明理学，都反对这种态度。而且，他们的学说对人们日常生活也的确起了很大的作用。《颜氏家训》《治家格言》和曾国藩的家书等，都把儒家贯彻到日常生活中，管制着人们的行为、思维和生活。而康德、黑格尔等西方哲学并不能管人的生活。

所以儒家既不是宗教，也不是哲学，用西方宗教、哲学等这些概念来套便很难套上。儒学可以说是半宗教半哲学，亦宗教亦哲学。这就牵涉到一系列的问题。例如西方哲学，从中世纪神学分化出来以后，主要成为一种思辨性的理论论证。儒家当然也讲理论，但更讲感情。孔子在学生提出，父母死后，要服三年丧，会不会太久时，本可以有几个可能的回答：这是天的意志、上帝的要求，你必须这么做；或者说，这是政府的规定，必须遵循；或者说这是历来的习俗，必须服从等等。但孔子偏偏不这么回答。父母死了，不服丧你心里安不安？门徒回答：我安。孔子说：安就不需要守了！从这里可以看出，孔子不是把道德律令建立在外在的命令上，如上帝、社会、国家、风俗习惯等，而是建立在自己的情感上。他说，父母生你下来，也要抱你三年，父母过世了，不服丧，你心里安不安啊？孔子提出的是人性情感的问题。

但儒家这样强调父慈子孝，不是自然情感，而是人性情感。儒家认为，人的一切、社会的一切，都应建立在这个基础上。这样就把情感提高到崭新的水平上，又是孔子的一大功绩。他把理性、智慧、道德各种要求，建立在人性的情感上面。这就是我认为儒家不同于一般哲学思辨的重要特征。这一点，过去很少人从根本理论上加以强调。儒学强调情理不能分割，而是渗透交融和彼此制约着的。例如"理无可恕，情有可原"。同时强调情里面有理，理里面有情，"理"的依据是"情"，而"情"又必须符合理性，从而"理"不是干枯的道理，"情"不是盲目的情绪。所以，尽管儒学提倡忠、孝，却反对愚忠愚孝。

中国人喜欢讲合情合理。我上课讲儒家的原则时，外国学生听了哈哈大笑。我说，如果父亲生气，拿个小棍子打你，你就受了吧！要是用大棍子，就赶快跑！就是所谓的"小棍受大棍辞"。我问他们：为什么？古人做过解释，父亲是一时气愤，真的打伤了孩子，父亲也伤心。孩子逃跑，反而真正"孝顺"了父亲，不逃反而是愚孝，你受伤，父亲心理也受伤，名声也不好。左邻右舍会说：这个父亲多么残忍啊！你逃是很有理的，不只保护你自己，你保护了你父亲。孔、孟都讲"经"与"权"；"经"翻译成现代语言就叫原则性，基本原则必须遵守；另一方面，"权"是灵活性，要你动脑，要有理智。有经有权，才真正学到儒学。儒学不是一种理论的条条而已，在政治、经济、生活上都有用处，既讲原则性，也有灵活性，但不能情感上盲目地服从，它不是非理性的盲目信仰。君王和父亲都有犯错的时候，做臣子或做孩子的，都要考虑到这个问题。这跟日本的武士道不一样。中国在大事上强调过问是非。好像父亲、君主要你去杀一个人、打一个仗，也要考虑到对不对，日本武士道就只讲输赢，不问对错，盲目服从、信仰、崇拜，打输了就切腹自杀。

中国历史上有一些著名的关于刺客的故事，遇到好人杀不下手，不杀又对不起主人，就自杀了。他们没有盲目的服从，儒家很赞赏。儒家有所谓"从道不从君""从义不从父"等说法，就是说服从道理比服从个人包括君、父重要。这是非常理性的态度。儒家没有并反对宗教性的狂热，但非常强调人的情感性的存在，并认为任何的行动都以情感为基础。

有人说，基督教才是中国人的前途，只有基督教才能够救中国。但是，要中国人，尤其是知识分子完全信奉基督教，我觉得会比较难。例如，对中国人来说,原罪说很难被接受:为什么我一生下来就有罪呢? 为什么生命是一种罪过? 我要去赎罪? 中国人认为给予生命是一种幸福。所以,我说,相对于西方的罪感文化、日本的耻感文化,中国文化是乐感文化。孔夫子在《论语》第一章里就说:"学而时习之,不亦说乎?""有朋自远方来,不亦乐乎?"这种快乐不是感官的快乐, 不是因为我今天吃了螃蟹特别高兴, 而是精神上的快乐。归根究底这还是一种包含理性的情感,是某种情理交融,可见儒学讲的理性是活生生的,带有人间情感的,与现实紧密联系在一起的理性。这也就是人性。儒学的根本问题就是建造完美人性的问题。

儒学这种实用理性和乐感文化始终讲究奋斗,讲究韧性、坚持,所以我说中国很少有彻底悲观主义者。自杀的中国文人比日本少,日本一位诺贝尔文学奖得主自杀了,在中国这大概很难发生。中国人即使在困难时,总愿意相信前途美好,明天时来运转,所以只要坚持下去,好日子总会来。中国民族也好,海外的千万华人也好,因此能够经历各种艰难困苦而生存下来。孔子说:岁寒然后知松柏之后凋,这就是儒学精神,中华文化的基本精神,它培养了一种人格、操守、感情、人生理想、生活态度。可见儒学虽然不纯粹是宗教,但它却包含着宗教的热情;儒学虽然不纯粹是哲学,但它却包含了哲学的理性。从哲学的角度来看,儒家是最讲实际、最重情感的;从宗教的角度来看,儒学是最宽宏、最讲理的。这就是儒学的特点。

儒学的发展以及现代新儒学的困境

儒学的分期也是个大问题。我不赞成杜维明教授的三期说。杜教授的三期是:孔孟第一期,宋明理学第二期,现在第三期。这个三期说把汉代给忽略掉了,这是一种偏见。汉代的儒学其实是非常重要的。我认为第一期是孔、孟、荀;以董仲舒为代表的汉儒是第二期;第三期才是宋明理学。"现代新儒学"的熊十力、冯友兰、牟宗三等人,只能算是第三期(即宋明理学)在现代的回光返照。

无论宋明理学还是现代新儒学,都把荀子的地位放得很低,有的根本不提，有的认为荀子不属于儒家。这是不妥的。荀子和孟子，是孔子的两翼：一个由外到内，另一个从内到外。汉代之所以重要，正因为它承继荀子，在新条件下构成了一个很大的系统。汉代的儒学吸收了阴阳家、道家、法家、墨家的东西，构成了一个阴阳五行的系统。董仲舒的天、地、人、自然、社会，是一个完整体系。西方人觉得奇怪，中国人不要上帝，竟然生存得那么久，是什么东西维持着呢？我觉得，是因为有这个系统。这个系统本身，就是上帝，任何部分，即包括皇帝，也只是其中一部分。它构成了一个非常复杂的有机体，及反馈体（Feedback System）。阴阳五行是反馈的，例如五行相生又相克、阴阳对立又互补等等。

政治也在这个系统中：天管皇帝，皇帝是天之子，统治百姓，但百姓又影响天呀！"天视自我民视，天听自我民听"，老天听百姓的，这不是一个圆圈吗？这是中国式的民主观念。这当然与现代西方的民主是两回事。中国的阴阳五行是很重要的东西。为什么我们现在叫汉人、汉民族、汉语呢？这表明这个朝代非常重要，它在物质上、地理上，奠定中国今天的基础；而且我强调，精神上、心理上也是，它构成了中国人的文化心理结构。

阴阳五行不创始于儒家，但汉代的儒家吸收、接受、传播了它们，成为社会普遍的观念、思想和信仰。针灸、堪舆、阴阳五行，尽管从现代的眼光来看，有些是非常不科学的，有些甚至是虚幻迷信的东西，但里面的确有很多经验的、科学的东西存在。例如不是中医不科学，而是现在的科学水平，还没发展到解释中医的地步，也许在五十年、一百年后，科学才能非常实证地解释中医，包括大家讲的气功。这一套东西，汉代儒家把它吸收进来并发扬光大，搞成一套天人的理论。这是儒学的一个很大发展。正因为成了这么一个系统，在中国儒家传统中，人的地位才很高，人才能够干预天地。也因为如此，才可能有后来宋明理学的为天地立心，为生民立命！不是天为人立心，而是人为天地立心，这岂不厉害！康德说，假如没有人，自然发展就没有目的。这就是人是自然的目的，也就是康德说的文化的、道德的人。这说法和中国比较接近。

记得八十年代，那些反传统的年轻人老说"中国人是最保守、最顽固、最守旧"的。我说,恰恰相反,中国人是最最容易接受外来的东西,只要有道理就接受。包括中国的服装变得很快呀,原来的长袍马褂,我记得进大学的时候还穿过,过两年,所有人都不穿了!中国接受外来的东西是很快的,只要合理、方便,就能接受。

"变则通,通则久",只有变化和不断的发展才能长久,才能生存,所以不拘泥。中国传统非常讲究实际,接受变化,这是真正儒学的精神。当然总有人顽固、守旧,自以为是坚持传统儒学,实际的情况恰好相反。儒学是讲究变化、发展的,而且它是尽可能吸收、接受外来的东西,最后消化外来的东西,这才是儒家的最大特点之一。汉代的儒学之所以能够发展,因为董仲舒把阴阳五行吸收、消化在系统里头;道家的、法家的他也吸收,过后消化掉。中国有一句话"有容乃大",不是也有一句话说"宰相肚里能撑船"吗?开始也许很难接受,但首先"求同存异";求同,两个意见不一样,先谋求共同点吧!至于不同的,暂时不说吧!然后慢慢接近,互相渗透,最后吸取同化。宋明理学为什么会发展呢?因为它吸收了佛教和道家,特别是佛教的一些东西,所以能够创造一个新高峰。

那什么叫"现代新儒家"?现在议论也很多。有一种定义说,只要肯定儒家传统的就是新儒家,甚至只要是研究中国文化的,都算现代新儒家。这太没意义了,太广了。另一种定义是,只有熊十力学派才算,冯友兰不算,梁漱溟只算半个,因为他与熊十力有一些交情。这又未免太狭隘了。我对现代新儒学的定义是"现代宋明理学"。因为新儒学在英文是 New Confucianism,本来的意思指宋明理学,搞中国哲学史的人都知道。现在加个"现代"变成 Modern New Confucianism。熊十力、冯友兰、梁漱溟、张君劢、唐君毅和牟宗三承继的正是宋明理学,强调儒家的心性论。牟宗三最重要的著作叫作《心体与性体》,包括杜维明教授现在强调的也是自我修养,所以,现代新儒家乃是宋明理学的宣扬者、发展者,他们要建立道德形而上学。

但我认为,用道德的形而上学来概括或作为线索来贯串儒学,是太片面了。孔子很少讲心、性,孟子讲了一些,但也不是很多;用心、性说来概括儒家,是第三期的儒学即宋明理学,他们强调的是从"内圣"开"外王"。朱熹、程颐,都希望皇帝变成圣人,以为那样,天下就会太平了。这个要讲起来原因很多。秦汉以后,皇帝的权力特别大。有绝对的权力,一定干坏事,要避免这样的事情发生,是儒家很伤脑筋的事情。董仲舒弄出一个天人感应的理论,说皇帝要听天的。发生地震,是天在警告,皇帝就要检讨;发生洪水,这也是天的警告,想用这个来限制皇帝。实际上,最后的替罪羔羊是宰相,皇帝怎会有错啊?是用错人,预示罢黜宰相。到了唐宋以后,皇帝不再相信这套玩意儿了!宋明理学才搞出另一套东西出来,要皇帝正心、修身,服从天理。从"天遣"到"天理",日本学者沟口雄三对此有很好的论证。真心诚意都是对皇帝讲的,宋明理学讲心、性有它的道理。但是,它并不成功,皇帝是不会听那一套的,结果变成了管制百姓的官方学说。

在现代条件下,现代新儒学搞出一套道德形而上学,去继承宋明理学,但根本理论并没超出宋明理学多少,并没有脱出宋明理学的基本框架,仍然是内圣开外王,心性第一,只是略微吸收了一些外国哲学,但也不多,词语、观念、说法新颖和细致了一些而已,它远不足开出一个真正的新时期。所以我认为,它只是第三期儒学(宋明理学)在当代或隔世的回响。它对广大的中国人和中国社会没起什么作用或影响。它并不能算什么大发展,也很难开出自己的"时代"。

儒学要真正发展,还需另外考虑,另外开头,另起炉灶。这里有很多事情要做。因为这不仅牵涉到哲学形而上学,还有很多其他问题。好像首先要对儒学提倡的而为广大中国人崇拜的"天地亲军师"——其实是政治、伦理、宗教三合一的体系——分析、解构,然后再设法重建宗教性道德和社会性道德,把具有情感特征的儒家的实用理性和乐感文化重新发扬光大,重视人民大众的衣食住行的物质生活,同时重教育、塑人性,开出一条新的内圣外王之道等等,它远远不只是心性论的道德形而上学。只有眼光更广阔一些,儒学才有发展的前途。

摘自《天涯》,1997年第1期。

6.汤一介[①]:
《马一浮全集》序(节选)

　　当前,中华民族正处在伟大的民族复兴的过程之中,民族的复兴必须有民族文化复兴的支撑。因此,上个世纪末在我国出现了复兴中华民族传统文化的"国学热"。然而国学作为一种学术文化应如何定义,则是众说纷纭。有的学者认为,"国学"即中国传统文化,这或失之太宽,盖凡人创造的均可属文化;有的学者认为,"国学"即儒学,这又似失之太窄,因中国一向以儒释道三家并称;或谓"国学"即儒、释、道三家之思想文化之合称,这或并未究其源头。我想,各种对"国学"的定义也许都有其可取之处,可并存而不相悖,这是仁者见仁,智者见智的问题。不过我认为,马一浮先生把"国学"定义为"六艺之学"的提法,应为我们研究"国学"者所重视。

　　德国哲学家卡尔·雅斯贝尔斯(1883—1969)在《历史的起源与目标》中说:"直至今日,人类一直靠轴心期所产生、思考和创造的一切而生存,每一次新的飞跃都回顾这一时期,并被它重新燃起火焰。自那以后,情况就是这样。轴心期潜力的苏醒和对轴心期潜力的回忆,或曰复兴,总是提供了精神力量。对这一开端的复归是中国、印度和西方不断发生的事情。"这段话的意思是说,各种有悠久历史文化传统的民族,在他们的每次重大的历史转折点时,往

---

　　① 汤一介(1927—2014),湖北黄冈人。北京大学教授、当代哲学家。著有《中国传统文化中的儒道释》《新轴心时代与中国文化的建构》《佛教与中国文化》《早期道教史》等。

往要回顾(回忆)自己文化的原点,以得到"精神力量"。这种情况,在历史上并不少见,如欧洲自 14、15 世纪的文艺复兴就是要回到古希腊;印度在争取民族独立时就提出要用继承其婆罗门教的印度教为立国之本;在我国经受了数百年的印度佛教文化的冲击之后,宋朝的学术界提出了"出入佛老,返诸六经"。那么,在近两百年中华文化受到西方文化的严重冲击之后,我们是不是会有一"出入西学,返诸六经"的文化复兴的新时期呢? 我认为,应该是肯定会有的。因此,马一浮先生"国学者,六艺之学也"的提法应受到特别重视。马先生说:"现在要讲国学,第一须楷定国学名义。……举此一名,该摄诸学,唯六艺足以当之。六艺者,即是《诗》《书》《礼》《乐》《易》《春秋》也。此是孔子之教,吾国二千余年来普遍承认一切学术之源皆出于此,其余都是六艺之支流。故六艺可以该摄诸学,诸学不能该摄六艺。今楷定国学者,即六艺之学,用此代表一切固有学术,广大精微,无所不备。"(《泰和宜山会语·楷定国学名义》)这里我们注意到马先生用"楷定"说"国学名义",而不用"确定"说"国学名义",颇有深义。他说:"学问,天下之公,言确定则似不可移易,不许他人更立异义,近于自专。今言楷定,则仁智各见,不妨各人自立范围,疑则一任别参,不能强人以必信也。"盖学术文化最忌"定于一尊",而以"百家争鸣"为好。马先生之学术成就,正因其有海纳百川之胸怀,博通中西古今之造诣,而为世所重。马先生提出"六艺"是"孔子之教",盖因孔子儒学是自觉地传承着夏、商、周三代学术文化,而夏、商、周三代学术文化尽在六艺之中。在《泰和宜山会语·论六艺该摄一切学术》的"六艺统四部"一节中,马先生把"经部"分为"宗经论"和"释经论"二部,此二部皆为儒家典籍及其所传承"六艺"之发挥。这就是说,"六艺之学"乃孔子儒学之源头,而其后儒学皆源于此,每代在传承中而发挥之,并在其间又吸收其他文化以营养之。马先生不赞同"诸子出于王官之说",但他认为诸子中之重要的流派如儒、墨、名、法、道等实皆出于"六艺"。他认为:"不通六艺,不名为儒,自不待言。"此谓传承"六艺"全体者为儒家,所以他在《因 Chinese-Renaissancesociety 印书议》(《马一浮集》第二册杂著其他的附录)中说:"窃谓群籍,皆统于六艺。……儒者以六艺为宗本。诸子亦原出于六艺,各得其一端。"在《复性书院简章》中说:"书院以综贯经术、讲明义理为教,一切学术该摄于六艺,凡诸子、史部、文学研究皆以诸经统之。"这是由于"六艺"为中国学术文化之源头,其后任何学说均不可能与此源头无关,故马先生之论点无可疑议。不仅如此,外来学术文化传入中国,其能在中国站住脚也是因为它和中国学术文化必可相通,所以在《马一浮集》中多处讲到儒佛相通。说:"儒佛等是间名,心性人所同具,古来达德,莫不始于知性,终于尽性。"(《濠上杂著·答吴希之》)又在《太极图说赘言》中认为《礼记·礼运》之"太一"、《易》之"太极","犹佛氏所谓一真法界"。《释人大业大时大义大》和《释器大道大》两节之附语均讨论儒佛可相通。当然有处也言及儒佛有同也有异,如《童蒙箴》和《希言》皆比较儒佛之同异,但仍可看到马先生思想之一贯,认为六艺之学在根本上可该摄佛理。盖思想成体系则必有一贯之宗旨,必有所立高远坚定之信念,故于马先生《泰和会语·引端》可见其思想体系之宗旨、之信念,如谓治国学"不是零碎断片的知识,是有体系的","应知道本一贯,故当见其全体";"信吾国古先哲道理之博大精微",信吾国先哲道理能"使全人类能相生相养而不致有争夺相杀之事"。信念必高远坚定,思想必成体系而一贯,此是马先生告诫治国学之要点。

马先生认为国学(即六艺之学)为我国最古老之学术文化之源头,每个有悠久历史的民族都有其学术文化之源头,如长江必有发源地,其在历史的长河中逐渐扩大,如长江到四川则有嘉陵江汇入,流入湖北则有汉江之流入,流入上海则有黄浦江汇入,终归入大海。所以马先生说:"世界无尽,众生无尽,圣人之愿力亦无有尽。人类未来之生命方长,历史经过之时间尚短,天地之道只是个'至诚无息',圣人之道只是个'纯亦不已',王者过,来者续,本无一息之停。此理绝不会中断,人心决定是同然。"(《泰和会语·论西来学术亦统于六艺》)盖人类社会自古以来就遇到如何生存与发展之问题,这些问题究其根本就在于人类在遇到时如何应对,而应对之方有多种,其最合理、最实在则在人心之选择,此实在各民族学术文化源头已涵蕴之,此"即吾人自所具有之义理"，"义理虽为人心所具有，不致思则不得，故学原于思"，盖因一切道理，一切德性，皆在为一心所具有，当代代开发之。因此，我们应对学术文化之源头（六艺之学）不断适时思考，以推进学术文化之"日新"，此乃千古不易之真理。因此，马先生所说的"六艺该摄一切学术"是就其根源，应适时开发，日日新，又日新。所以马一浮先生说："六艺之道是前进的，绝不是倒退的，切勿误为开倒车；是日新的，绝不是腐旧的。"

　　各民族的学术文化往往会因其所处之环境不同，而在经验层面上有所不同，故而形成其特殊表现形式，然同为人类，在其理性层面则总会有其深层之同，而其同者即是有着"普世价值"的意义。作为中国学术文化之源头的"六艺之学"，其中必有"普世价值"意义之因素，正如作为西方学术文化之源头的希腊学术文化中也有"普世价值"意义之因素。任何民族的学术文化都是在其特定的历史环境下形成的，都是有着特殊意义的文化，而学术文化的"普世价值"往往是寓于其"特殊价值"之中。既然学术文化之"普世价值"往往是寓于其"特殊价值"之中，就此意义，正如马先生所说："六艺不唯统摄中土一切学术，亦可统摄现在西来一切学术。"盖因"人同此心，心同此理"也。因此，我中华民族理所当然地在自身学术文化中寻求有益于人类社会生活的"普世价值"意义的因素，这并不妨碍其他民族可由自身文化中寻求其学术文化的"普世价值"意义的因素，古云："道并行不相悖"也。故马先生说："道一而已，因有得失，故有同异，同者得之，异者失之。《易》曰：'天下同归而殊途，一致而百虑，天下何思何虑？'暌而知其类，异而知其通，夫何隔碍之有？克实言之，全部人类之心灵，其所表现者不能离乎六艺也；全部人类之生活，其所演变者不能外乎六艺也。故曰：'道外无事，世外无道。'"（《泰和会语·论西来学术一统于六艺》）马先生的这段话有以下三层意思：第一，就全人类社会看，虽分成多种不同的民族学术文化传统，但所有不同传统的文化在根本的道理上说是一致的。全人类社会应有的根本道理是什么？马先生认为就是"本然之善""性德之真"。此"本然之善""性德之真"乃人性所具有，"六艺之道"就是要把此人性所具有的"本然之善""性德之真"开发出来，使

"全人类能相生相养"的"天下大同"世界得以实现;第二,"道"(全人类社会的根本道理)对任何民族说都是"本然之善""性德之真",所以是一致的,但各民族的学术文化中既有符合"道"的部分,也有不符合"道"的部分;符合"道"的可以说就掌握了全人类社会共同的根本道理,不符合"道"的则是背离了全人类社会共同的根本道理。如马先生所说:"因其心智有明有昧,故见之行事有得有失。"因此,我们考察不同民族的学术文化总可以发现其有相同的,在看到表面上有所不同之处时应注意到其深层上的相通点。

马先生说:"西方哲人所说的真、善、美,皆包含于六艺之中,《诗》《书》是至善,《礼》《乐》是至美,《易》《春秋》是至真。《诗》教主仁,《书》教主智,合仁与智,岂不是至善么?《礼》是大序,《乐》是大和,合序与和,岂不是至美么?《易》穷神知化,显天道之常,《春秋》正名拨乱,示人道之正,合正与常,岂不是至真么?"(《泰和会语·论西来学术亦统于六艺》)归根结底,人类追求的就是真、善、美的理想,无论中西都是如此,古希腊的哲学家追求的是真、善、美;印度自古圣贤追求的是真、善、美;中国的"六艺"之学是古代圣贤、明君所追求的真、善、美,自不能外此。故就各民族、各国家学术文化的根本必是同归于此,这点必须是我们应注意的;第三,为什么可以说"六艺"可统摄现在西来一切学术?马先生认为从根本上说"六艺"乃"人类之心灵"的体现,他说:"学者须知六艺本是吾人性分内所具的事,不是圣人旋安排出来。吾人性量本来广大,性德本来具足,故六艺之道即是此性德中自然流出的,性外无道也。"(《泰和会语·论六艺统摄于一心》)其实一切道理本自在人心,只是待你触事而开发。朱熹说:仁者,"在天则块然生物之心,在人则温然爱人利物之心,包四德而贯四端者也。"(《朱子文集·仁说》第 13 卷)"天道"生生不息,以"仁"为心,"天"有使万物良好的生长发育的功能,故"人道"也应效法"天"要爱护一切,这是因为"天人一体","一人之心,即天地之心"(《程氏遗书》)。盖"人"得"天之精髓"而为"人",故人生当在实现"天"之"块然生物之心",而有"温然爱人利物之心",天心人心实为一心。人生之意义就在体证"天道",人生之价值就在成就"天命"。故马先生说:"六艺之道即是此性德中自然流岀的,性外无道也。后来说性德者,举一全该则曰仁,开而为二则为仁知(智)、为仁义;开而为三则知(智)、仁、勇;开而为四则为仁、义、礼、知(智);开而为五则加信而为五常;开而为六则并知(智)、仁、圣、义、中、和而为六德,就其真实无妄言之,则曰'至诚';就其理之至极言之,则曰'至善'。"(泰和会语·论六艺统摄于一心))这一段话可以说是马一浮先生对"六艺"根本思想之系统的阐述,亦即是他思想所追求真、善、美体系的集中说明,盖一切学术文化不外是追求真、善、美的。我国学术源头之"六艺"实是夏、商、周三代之结晶,是我国生民的生活经验之积累,经过三代诸圣贤明君的提炼而形成理论体系,马先生把此体系清楚明白地概括出令人易于理解的体系,实是一大功德。

虽然我国的"六艺"之道从其基本精神上说可以统摄西来学术,但同样有悠久历史文化传统民族的学说亦可有统摄其他民族学术文化的功能,如印度学术文化传统、西方学术文化传统、古波斯学术文化传统等等,我们对他们的学术文化传统也要同样的尊重。为此,马先生特别要我们注意:"今日欲弘六艺之道,并不是狭义的保存国粹,单独地发挥自己民族精神而止。"(《泰和会语·论西来学术亦统于六艺》)处在今日全球化时代,学术文化发展的多元化趋势已不可逆转,因此在传承我国固有学术文化的同时,必须尊重其他民族的学术文化,必须善于吸收其他民族文化之优长,这样我们才可以和其他各民族、各国家共同创造人类所理想的"天下大同"世界。

摘自《中国文化》,2012年第2期(总第36期)。

7.张岱年①:

《论中国文化的基本精神》(节选)

中国文化的基本精神是什么呢？指导中国文化不断前进的基本思想是什么呢？这里试举出四点：(1)刚健有为，(2)和与中，(3)崇德利用，(4)天人协调。我认为这些就是中国传统文化的基本精神之所在。略说如下。

刚健有为

《周易大传》提出"刚健"的学说，《象传》说："需，须也，险在前也。刚健而不陷，其义不困穷矣。"又云："大有，其德刚健而文明，应乎天而时行。"又云："大畜，刚健笃实辉光，日新其德。"这些都是赞扬"刚健"的品德。《说卦》云："乾，健也，坤，顺也。"健是阳气的本性，顺是阴气的本性。在二者之中，阳健居于主导的地位。《象传》说："天行健，君子以自强不息。"天体运行，永无已时，故称为健。健含有主动性、能动性以及刚强不屈之义。君子法天，故应自强不息。《周易大传》强调"刚健"，主张"自强不息"，这是有深刻意义的精粹思想。

从汉代到清代，二千年之中，《周易大传》被认为是孔子的著作，它是以孔子手著的名义产生影响的。所以，"自强不息"的思想在历史上曾对很多知识分子起过激励作用。事实上，《周易大传》并非孔子所著，"刚健"之说应是战

---

① 张岱年(1909—2004)，别名季同，河北献县人。北京大学教授、当代哲学家。著有《中国哲学史大纲》《张载——中国十一世纪唯物主义哲学家》《中国哲学史史料学》《中国伦理思想研究》等。

国时代儒家中讲《易》的学者提出来的。"刚健"虽不是孔子提出的,但孔子确实比较重视"刚",《论语》记载:"子曰:吾未见刚者。或对曰:申枨。子曰:枨也欲,焉得刚?"郑玄注云:"刚谓强志不屈挠。"《论语》又载孔子云:"刚毅木讷近仁。"可见孔子肯定"刚"是有价值的品德。《周易大传》的刚健之说实渊源于孔子。

孟子鄙视"以顺为正",提出"富贵不能淫,贫贱不能移,威武不能屈"的生活准则。《孟子》记载:"景春曰:公孙衍、张仪,岂不诚大丈夫哉? 一怒而诸侯惧,安居而天下熄。孟子曰:是焉得为大丈夫? 子未学礼乎? 丈夫之冠也,父命之;女子之嫁也,母命之。往送之门,戒之曰:往之汝家,必敬必戒,无违夫子!以顺为正者,妾妇之道也。居天下之广居,立天下之正位,行天下之大道。得志,与民由之;不得志,独行其道。富贵不能淫,贫贱不能移,威武不能屈:此之谓大丈夫。"大丈夫应有独立的人格,遵守一定的准则,不屈服于外在的压力。孟子这种见解与《周易大传》的刚健思想有一致之处。孔子重"刚",老子则贵"柔",两说相反。都有深远的影响,老子提出"无为"说,孔子也尝赞美无为的政治,但孔子认为在日常生活中应该有为。他说:"饱食终日,无所用心,难矣哉! 不有博弈者乎? 为之,犹贤乎已。"孔子自称"为之不厌,诲人不倦","发愤忘食,乐以忘忧"。他坚决主张有所作为,表现了"自强不息"的精神。

宋代周敦颐受道家影响,提出"主静"之说,在宋、明时代,影响很大。到明、清之际,王夫之重新肯定了《周易大传》的刚健学说。王夫之说:"圣人尽人道而合天德。合天德者,健以存生之理;尽人道者,动以顺生之几。"又说:"惟君子积刚以固其德,而不懈于动。"王夫之有力地宣扬了"健"与"动"的学说。

《周易大传》关于"刚健"和"自强不息"的思想,在历史上起了一定的推动中国文化向前发展的积极作用。而道家和部分宋儒的"柔静"学说,则是"刚健"思想的一种补充,两者相互对峙,相互引发,构成了中国传统文化的独特面貌。

和　与　中

　　西周末年至春秋时期，有所谓"和同"之辨。"同"是简单的同一，"和"是众多不同事物之间的谐和。《国语·郑语》记载西周末年史伯的言论说："夫和实生物，同则不继。以他平他谓之和，故能丰长而物生之。若以同裨同，尽乃弃矣。……于是乎先王聘后于异姓，求财于有方，择臣取谏工，而讲以多物。"史伯区别"和"与"同"："以他平他谓之和"，意谓聚集不同的事物而得其平衡，叫作和，这样就能产生新事物，所以说"和实生物"；"以同裨同"，即把相同的事物加起来，那是不能产生新事物的。《左传》昭公二十年记载晏子论和同的区别说："和如羹焉，水、火、醯、醢、盐、梅，以烹鱼、肉。火+单之以薪，宰夫和之，齐之以味，济其不及，以泄其过。君子食之，以平其心。君、臣亦然；君所谓可，而有否焉，臣献其否，以成其可；君所谓否，而有可焉，臣献其可，以去其否，是以政平而不干。……若以水济水，谁能食之？若琴瑟之专壹，谁能听之？同之不可也如是。"这所谓和，也是聚集不同的事物而得其平衡。君、臣之间，臣能提出不同的意见，君能容纳不同的意见，然后可称为和。史伯、晏子关于和同的思想，一是要求多样，二是要求平衡。这是一种促进文化发展的思想。

　　孔子也区别了和与同，他说："君子和而不同，小人同而不和。"看来孔子是同意晏子关于和同区别的言论的。孔子对于和、同之辨未多讲，而提出了"中庸"的观念。后来孔子之孙子思作《中庸》篇，对中庸观念作了进一步的发挥。于是中庸观念在中国文化史上产生了巨大的深远的影响。由于后来的思想家对中庸有不同的理解，因而中庸观念在中国文化史上的影响也不是单纯的。孔子说："中庸之为德也，其至矣乎！民鲜久矣。"对于中庸的含义未加说明。《中庸》篇云："君子中庸，小人反中庸。君子之中庸也，君子而时中；小人之反中庸也，小人而无忌惮也。"又云："舜其大知也与，……执其两端，用其中于民，其斯以为舜乎！"这里以"时中""用中"来解说中庸，时中即随时处中，依条件的不同随时选取适当的标准。用中即不陷于某一极端，随情况的不同而采取确当的方法。

从汉至宋,经学家对于中庸有不同解释。郑玄诠释《中庸》篇的题义云:"名曰中庸者,以其记中和之为用也。"这是认为中庸指中的运用。程颐诠释中庸云:"不偏之谓中,不易之谓庸。"这是把中庸看成固定的原则。郑玄的解释是比较符合原意的。

中庸思想的主要含义是:在事物的发展过程中,对于实现一定的目的来说,有一个一定的标准,达到这个标准就可以实现这个目的,否则就不可能实现这个目的。没有达到这个标准叫做不及,超过了这个标准叫作过。如果超过了这个标准,就不可能实现原来的目的,而会转变到原来的反面。所谓"中庸之为德"就是经常遵守一定的标准,既不过,亦不是不及,这是中庸的品德。有些事情,确有一个适当的标准,例如,饮食卫生一类的事情,确有一个适度的问题,这个度在过与不及之间。但是社会的变革,在一定条件下,需要打破原来的标准,这样才能取得更大的发展;如果固守原来的标准,就会陷于停滞不前了。中庸思想在中国文化史上有两方面的作用:第一,保证了民族文化发展的稳定性,反对过度的破坏活动,使文化发展不致中断;第二,对于根本性的变革又起了一定的阻碍作用。

崇德利用

春秋时代有"三事"之说。《左传》文公七年记载晋国贵族郤缺的言化说:"正德、利用、厚生,谓之三事。"正德,端正品德;利用,便利器用(用指工具器物之类);厚生,丰富生活。正德是提高精神生活,利用、厚生是提高物质生活。《左传》成公十六年记载楚国申叔时之言云:"民生厚而德正,用利而事节。"又襄公二十八年记齐国晏婴之言云:"夫民,生厚而用利,于是乎正德以幅之。"生活丰厚,器用便利,然后端正德行加以节制。幅是节制之义。晋、楚、齐三国的贵族都谈到正德、利用、厚生,可见这是当时比较流行的思想。"三事"之说兼重物质生活和精神,是比较全面的观点。

《周易大传》中讲到"崇德"与"利用"的关系问题,《系辞下传》说:"精义入神,以致用也。利用安身,以崇德也。过此以往,未之或知也,穷神知化,德之盛也。"(朱熹《本义》解释说:"精研其义,至于入神,……然乃所以为出而致用之本;利其施用,无适不安,……然乃所以为入而崇德之资。……至于穷神知化,乃德盛仁熟而自致耳。")义指事物的规律,神指微妙的变化。精研事物的规律,以至于理解深微的变化,是为了实用;便利实际运用,是为了提高道德;而道德提高了,就更能对微妙的变化有更深入的理解了。《周易大传》既重"崇德",又重"利用",也是比较全面的观点。

春秋时代的"三事"之说,兼重精神生活与物质生活,是比较全面的正确观点。儒家特重"正德""崇德",而对"利用""厚生"的问题则研究得不多。道家反对"利用",也不赞成"厚生",这对文化的发展产生了一定的消极影响。但历代都有一些自然科学家,对"利用厚生"的实际问题进行过切实的研究,从而促进了文经的发展。

"正德、利用、厚生","崇德、利用"的思想,虽然秦、汉以后在理论上没有得到进一步的发挥,但确实是中国文化史上一个重要的指导思想。

天人协调

天、人关系问题,亦即人与自然的关系问题,是中国传统哲学的一个根本问题,也是文化方向的基本问题。在中国古代哲学中,关于人与自然的关系,有三种学说。庄子主张因任自然:"不以人助天","无以人灭天"。荀子主张改造自然:"大天而思之,孰与物畜而制之? 从天而颂之,孰与制天命而用之?"而最重要的是《周易大传》的"辅相天地"的学说。《象传》说:"天地交泰,后以裁成天地之道,辅相天地之宜,以左右民。"所谓裁成、辅相,亦即加以调整辅助。《系辞上传》说:"范围天地之化而不过,曲成万物而不遗。"范围亦即裁成之义,曲成亦即辅相之义。《文言》说:"夫大人者,与天地合其德,与日月合其明,与四时合其序,与鬼神合其吉凶,先天而天弗违,后天而奉天时。"此所谓先天,即引导自然;此所谓后天,即随顺自然。在自然变化未萌之先加以引导,在自然变化既成之后注意适应,做到天不违人,人亦不违天,即天、人相互协调。这是中国古代哲学的最高理想,亦即中国传统文化的基本道路。《周易大传》在历史上是以孔子手著的名义产生影响的,所以这种天、人协调的思想在中国文化史上居于主导地位。

王夫之提出"相天"之说,他说:"语相天之大业,则必举而归之于圣人。……人弗敢以圣自尸,抑岂同禽、鱼之化哉?……故天之所死,犹将生之;天之所愚,犹将哲之;天之所无,犹将有之;天之所乱,犹将治之。"传统的观点以为"相天"是圣人的大业,普通人虽非圣人,但也与禽、鱼等动物有所不同。增加自然所没有的,改变自然所已有的,这是人的作用。王夫之的"相天"之说,是对古代"裁成、辅相"天、地的思想的发挥。

人与自然的关系问题,直至今日,仍然是必须认真对待的问题。近代西方强调克服自己,战胜自然,确实取得了重大的成就。但是,如果不注意生态平衡,也会受到自然的惩罚。改造自然是必要的,而破坏自然则必自食苦果。中国传统的天人协调的观点,确实有重要的理论价值。

文化是受生产方式决定的。周、秦至明、清的文化,基本上是封建文化。西方中世纪文化,也是封建文化。中、西的封建文化,彼此很不相同。中国封建制时代的文化确实有很高的成就。到了近代,中国文化,较之西方,却相形见绌,远远落后了。中国的传统文化,确有消极的病态的一面,但也有积极的健康的一面。识别中国民族文化中的优良传统,对于树立民族的自信心和自尊心,是非常必要的。

中华民族自古以来,还有一个维护民族独立,为"报国"而献身的优良传统。孔子称赞管仲:"微管仲,吾其被发左衽矣。"从此以后,维护民族的尊严、保卫民族文化,便成为一个根深蒂固的信念。在历史上,汉族和少数民族有一个相互竞争、相互融合的过程,经历了曲折的道路。在各族中,都有许多为国家为本族而献身的志士仁人,表现了复杂的情况。例如宋、元之际,文天祥宁死不屈,发扬了民族的正气,起了激励人心的巨大作用。许衡把南宋的学术传播到北方,也对于中国文化的发展有重要意义。这都是不能用简单化的办法随意抹煞的。

　　中华民族还有一个善于吸收外来文化成就借以提高自己的理论水平的优良传统。佛教的输入和流传，表明了中国人民对待外来文化的态度。佛教在中国流传之后，一部分中国佛教徒把佛教教义中国化了，做出了自己的理论贡献；而儒家学者在批判佛教的过程中，充实了传统儒学的思想，提高了理论思维的水平，使中国的固有学术放出新的光彩。中华民族善于吸收外来文化，又保持了自己的文化的独立性，从而对世界文化作出了独特的贡献。

　　五四运动展开了对传统文化的批判，这对于除旧布新，起了巨大的推动作用。新中国的成立，使中国历史进入社会主义的新时代，不但要批判封建文化，也要批判资产阶级的文化，我们的任务是建设社会主义的新文化。社会主义文化不是凭空产生的，我们必须尊重历史，对过去各时代的文化，批判地加以总结，这样才有利于社会主义新文化的发展。中国的社会主义文化一定要有中国的特点。清理传统文化的复杂内容，区别其中的精华和糟粕，肃清一切陈腐、庸俗思想的流毒，充分认识在历史上起过积极作用的文化遗产，并加以改造提高，这是我们今天的一项重要任务。

　　摘自《张岱年全集》(第5卷)，河北人民出版社，2007年，第419~427页。

8.季羡林①:
《东学西渐与"东化"》(节选)

　　我一向特别重视文化交流的问题,既主张拿来主义,也主张送去主义。对中国与外国的文化交流,我的基本观点是"拿来"与"送去"。我认为,文化一旦产生,其交流就是必然的。没有文化交流,就没有文化发展。交流是不可避免的,无论谁都挡不住。从古代到现在,在世界上还找不到一种文化是不受外来影响的。交流也有坏的,但坏的交流对人类没有益处,不能叫文化交流。对人类有好处的、有用的、物质、精神两方面的东西交流,才叫"文化交流"。文化不论大小,一旦出现,就会向外流布。全人类都蒙受文化交流之利。如果没有文化交流,我们简直无法想象,人类会是什么样子。

　　一种文化既有其民族性,又有时代性。一个民族自己创造文化,并不断发展,成为传统文化,这是文化的民族性。一个民族创造了文化,同时在发展过程中它又必然接受别的民族的文化,要进行文化交流,这就是文化的时代性。民族性与时代性有矛盾,但又统一,缺一不可。继承传统文化,就是保持文化的民族性;吸收外国文化,进行文化交流,就是保持文化的时代性。所以文化的民族性与时代性这个问题是会贯彻始终的。为了保持文化的时代性,自20世纪以来,出现了一种提倡"全盘西化"的观点。"全盘西化"和文化交流有

联系。现在，整个的社会，不但中国，而且是全世界，都是西方文化占垄断地位。这是事实，眼前哪一样东西不是西方文化？电灯电话，楼上楼下，就说我们这穿的，从头顶到鞋，全是西方化了。这个西化不是坏事情。"西化"要化，不"化"不行，创新、引进就是"化"。但"全盘西化"不行，不能只有经线，没有纬线。"全盘西化"在理论上讲不通，在事实上办不到。

就目前来说，我们对西方文化和外国文化，当然要重视"拿来"，就是把外国的好东西"拿来"。这里涉及有关文化的三个方面，物的部分、心物结合的部分、心的部分，都要拿。"物"的部分，当然要拿，咖啡、沙发、啤酒、牛仔裤、喇叭裤，这一系列东西，只要是好的，都拿。我们吃的、喝的、穿的、戴的，乘的、坐的、住的、用的，有哪一件完完全全是中国土生土长的？汽车、火车、飞机、轮船，我们古代有吗？可可、咖啡、纸烟、可口可乐、啤酒、香槟、牛排、面包，我们过去有吗？我们吃的土豆、玉米、菠菜、葡萄，以及许许多多的水果、蔬菜，都是外来的。这菠菜的"菠"字，本身是音译，不是意译，它叫菠薐、菠薐菜，是印度、尼泊尔一带产生的。茉莉花也是外来的，甚至连名字都不是中国固有的。我们用的乐器，胡琴、钢琴、小提琴、琵琶，也都是外来的。拿来，完全正确。现在我们确实拿来了，拿来的真不少，好的坏的都拿来了。连艾滋病也拿来了，这是不应该的。心、物结合的部分比方说制度，也可以学习。最重要的还是心的部分，要拿价值观念、民族性格。因为我们的价值观念、思想方式，不能马马虎虎，得把弱点克服，要不克服的话，我们的生产力就发展不了。从长期的历史研究中，我得出一个非常可贵的经验：在我们国力兴盛，文化昌明，经济繁荣，科技先进的时期，比如汉唐兴盛时期，我们就大胆吸收外来文化，从而促进了我们文化的发展和生产力的提高。到了见到外国东西就害怕，这也不敢吸收，那也不敢接受，这往往是我们国势衰微，文化低落的时代。

但是，我们不能只讲西化，不讲"东化"。"东化"，报纸上没有这个词儿，是我发明的。我们知道，汉唐的时候，是"东化"的。因为世界的经济中心、文化中心当时在中国。在明末清初以前确实有过东学西渐。不能只重视"西学东渐"而忽视"东学西渐"。根据历史事实，在中西文化交流史上，"东学西渐"

从来就没有中断过。中华文化的博大精深吸引了西方传教士、外籍华人、留学生、商人等的注意,并通过他们广泛传播到世界各地。

在文化交流方面,中国是一个很有特色的国家。从蒙昧的远古起,几乎是从一有文化开始,中国文化中就有外来文化的成分。中国人向来强调"有容乃大",不管是物质的,还是精神的,只要对我们有利,我们就吸收。海纳百川,所以成就了中国文化之大。中外文化的交流,一直没有中断过。最大的两次是佛教的传入和西学东渐。佛教传入的结果是形成了中国佛教。而明末清初以来西方文化在我国广泛传播,则是"西学东渐"。从此,我们才有了"中学"和"西学"这样的名称,才有了"东方文化"和"西方文化"这样的说法。"西学"的先遣部队是天主教。天主教入中国,不自明末始。但是,像明末清初这样大规模的传入,还是第一次。唐代有所谓三教的说法,指的是儒、释、道。此时又来了一个新三教。道家退出,增添了一个天主教。新三教之间有过矛盾和撞击,方豪先生的《中西交通史》第五章《欧洲宗教与神哲等学之东传》叙述颇详,我不赘述。

我们中国不但能够拿来,也能够送去。历史上,我们不知道有多少伟大的发明创造送到外国去,送给世界人民。从全世界的历史和现状来看,人类文明之所以能发展到今天这个样子,中国人与有力焉。可惜的是,在一片西化之声洋洋乎盈耳之时,西方人大都自我感觉极为良好,他们以"天之骄子"自居,在下意识之中,认为自古以来就是这样,今后也将永远是这个样子。今天的中国,对西方的了解远远超过西方人对中国的了解。在西方,不但是有一些平民百姓对中国不了解,毫无所知,甚至个别人还认为中国人现在还在裹小脚,吸鸦片。连一些知识分子也对中国懵懂无知,甚至连鲁迅都不知道。既然西方人不肯来拿我们的好东西,那我们只好送去了。鉴于此,我们组织了一套《东方文化集成》,计划出500多种,600多部,从20世纪90年代开始出版,现在还在继续编辑出版。我还和王宁主编了一套《东学西渐丛书》,1999年由河北人民出版社出版,总共7部,包括朱谦之先生早先写成的《中国哲学对欧洲的影响》,还有其他作者的新著:王宁的《中国文化对欧洲的影响》、王兆春等的《中国军事科学的西传及其影响》、韩琦的《中国科学技术的西传及其影响》、刘岩的《中国文化对美国文学的影响》、史彤彪的《中国法律文化对西方的影响》、孙津的《中国现代化对西方的影响》。丛书出版之后，有人发表评论，说这套丛书，可以增强我们变革和发展的信心，说这套丛书的价值得到了充分展现。从这套丛书中，我们可以清楚地看到，公元 16、17 世纪以前的欧洲，在文明的发展中与中国有多么大的差距。而他们向中国文明的学习，与后来中国人接受欧洲文明的顺序是相似的，即先从科学技术开始，这不仅包括造纸、印刷、火药、指南针"四大发明"，还包括陶瓷、冶金、纺织等技术，以及军事技术和兵法等。之后，又逐步深入到文化，即价值观、思想和道德，再就是哲学，进而是对中国社会制度的理性思考。2000 年刘登阁、总云芳著的《西学东渐与东学西渐》，由中国社会科学出版社出版。看来，东学西渐在学术界引起了相当程度的重视。

我认为 21 世纪应该是"东化"的世纪。西方文化从文艺复兴以来，昌盛了几百年，把社会生产力提高到了空前的水平，促使人类社会进步也达到了空前的速度，光辉灿烂，远迈前古，世界人民无不蒙受其利。但它同世界上所有的文化一样，也是决不能永世长存的，迟早也会消逝的。20 世纪 20 年代前后，西方的有些学者已经看出西方文化衰落的端倪，如德国施宾格勒在 1917 年开始写作的《西方的没落》一书，预言当时如日中天的西方文化也会没落。此书一出版，马上洛阳纸贵，产生了巨大的影响，英国著名历史学家汤因比受其影响，也反对西方中心论。他们的观点是值得肯定的，因为西方文化同世界上所有的文化一样，也是决不能永世长存的，迟早也会消逝的。在今天，它已逐渐呈现出强弩之末的样子，大有难以为继之势了。具体表现 是西方文化产生了一些威胁人类生存的弊端，其荦荦大者，就有生态平衡的破坏、酸雨横行、淡水资源匮乏、臭氧层破坏、森林砍伐、江河湖海污染、动植物种不断灭绝、新疾病出现等等，都威胁着人类的发展甚至生存。

西方文化产生这些弊端的原因，是植根于西方的基本思维模式。因为思维模式是一切文化的基础，思维模式的不同，是不同文化体系的根本不同。

简而言之,我认为,东方的思维模式是综合的,它照顾了事物的整体,有整体概念,讲普遍联系,接近唯物辩证法。用一句通俗的话来说就是,既见树木,又见森林,而不是只注意个别枝节。中国"天人合一"的思想,印度的"梵我一体"的思想,是典型的东方思想。而西方的思维模式则是分析的。它抓住一个东西,特别是物质的东西,分析下去,分析到极其细微的程度。可是往往忽视了整体 联系,这在医学上表现得最为清楚。西医是头痛医头,脚痛医脚,完全把人体分割开来。用一句现成的话来说就是,只见树木,不见森林。而中医则往往是头痛治脚,脚痛治头,把人体当做一个整体来看待。两者的对立,十分明确。但是不能否认,世界上没有绝对纯的东西,东西方都是既有综合思维,也有分析思维。然而,从宏观上来看,这两种思维模式还是有地域区别的:东方以综合思维模式为主导,西方则是以分析思维为主导。这个区别表现在各个方面,具体来说,东方哲学中的"天人合一"思想,就是以综合思维为基础的。西方则是征服自然,对大自然穷追猛打。表面看来,他们在一段时间内是成功的,大自然被迫满足了他们的物质生活需求,日子越过越红火,但是久而久之,却产生了以上种种危及人类生存的弊端。这是因为,大自然虽既非人格,亦非神格,却是能惩罚、善报复的,诸弊端就是报复与惩罚的结果。

有的学者认为要解决这些弊端,比如环境污染,只有发展科学,发展技术,发展经济,才有可能最后解决环境问题。我不同意这种看法。为了保护环境决不能抑制科学的发展、技术的发展和经济的发展,这个大前提是绝对正确的。不这样做是笨伯,是傻瓜。但是处理这个问题,脑筋里必须先有一根弦,先有一个必不可缺的指导思想,而这个指导思想只能是东方的"天人合一"思想。否则就会像是被剪掉了触角的蚂蚁,不知道往哪里走。从发展的最初一刻起,就应当在这种思想的指引下,念念不忘过去的惨痛教训,想方设法,挖空心思,尽上最大的努力,对弊害加以抑制,决不允许空喊:"发展!发展!发展!"高枕无忧,掉以轻心,梦想有朝一日科学会自己找出办法,挫败弊害。常言道:"道高一尺,魔高一丈。"到了那时,魔已经无法控制,而人类前途危矣。中国旧小说中常讲到龙虎山张天师打开魔罐,放出群魔,到了后来,群魔乱舞,张天师也束手无策了。最聪明最有远见的办法是向观音菩萨学习,放手让本领通天的孙悟空去帮助唐僧取经,但是同时又把一个箍套在猴子头上,把紧箍咒教给唐僧。这样可以两全其美,真无愧是大慈大悲的观世音。正是由于这个原因,我主张"三十年河东,三十年河西",21世纪是东方文化的世纪,东方文化将取代西方文化在世界上占统治地位。而取代不是消灭。全面一点的观点是:西方形而上学的分析已快走到尽头,而东方文化寻求综合的思维方式必将取而代之。以分析为基础的西方文化也将随之衰微,代之而起的必然是以综合为基础的东方文化。这种代之而起,是在过去几百年来西方文化所达到的水平的基础上,用东方的整体着眼和普遍联系的综合思维方式,以东方文化为主导,吸收西方文化中的精华,把人类文化的发展推向一个更高的阶段。这种"取代",在21世纪可见分晓。所以结论是:21世纪是东方文化的时代,这是不以人们的主观愿望为转移的客观规律。用东方"天人合一"的思想和行动,济西方"征服自然"之穷,就可以称之为"东西文化互补论"。东方的天人合一是带有普遍性的一种思想,中国、印度都有。即以中国儒家为例,《易经》中有"大人者与天地合其德,与日月合其明,与四时合其序,与鬼神合其吉凶。先天而天弗违,后天而奉天时"。《中庸》有"能尽人之性,则能尽物之性;能尽物之性,则可以赞天地之化育,则可以与天地参矣"。《孟子》有"莫之为而为者,天也;莫之致而致者,命也"。"尽其心者,知其性也;知其性,则知挽也"。董仲舒的"天人之际,合而为一"。张载的"民吾同胞,物吾与也"更是典型的天人合一思想。这些都是综合思维方式的典型例子。

2001年10月,76位中华文化研究者,其中也有我,发表了《中华文化复兴宣言》,肯定亚洲四小龙的崛起和日本的高速发展,都吸收了中华文化思想的智慧。当前西方一些有远见之士都在尽力研究中华文化,并提出"西方的病,东方的药来医",形成了"东学西渐"。这些都说明了中华文化在当今世界仍有无穷的价值!

摘自《东方论坛·青岛大学学报》,2004年第5期。

9.许纪霖①:
《儒家孤魂,肉身何在?》(节选)

　　历史上的儒家,从灵魂而言是一个整体,但其有三个肉身或存在形态,一是作为王官之学的国家宗教,二是作为心性之学的心灵宗教,这两个都具有相当明显的宗教性格,第三个是作为伦理道德之学的秩序宗教,这个层面上的儒学,与其说是宗教,不如说是秋风所提出的"文教"。

　　所谓"文教",按照我的理解,指的是儒家并非西方意义上的宗教,而是儒家特有的"人文教化",形成与宗教相对应的"文教"。其中包含四层含义,第一,作为"文教",儒家不像一般的宗教那样诉诸于信仰与启示,而是通过理性的自觉和道德的践行,得道行道。第二,作为"文教",儒家不是通过祈祷、礼拜的宗教性仪式与神沟通,以获得神的庇护,以期在另一个超越性世界里面获得生命的永恒,而是注重于现实生活,通过人文教化,在世俗性的日常生活礼仪之中,将儒家义理化成人心,造就美俗。第三,作为"文教",儒家主要不是为个人的心灵秩序提供安身立命与终极价值,而是依据"仁"化为"礼",为整个社会建立公共性的伦理道德秩序。第四,作为"文教",儒家的伦理道德价值及其规范,内化到其他正式宗教、民间宗教、祖宗崇拜、日常生活祭祀之中,即所谓的"神道设教"。儒学可以说是一种"潜宗教",潜移默化于民间,百

---

① 许纪霖(1957—　),上海人。华东师范大学历史系教授,主要从事二十世纪中国思想史和知识分子研究。著有《中国知识分子十论》《新世纪的思想地图》《另一种启蒙》《另一种理想主义》等。

姓日用而不知。

历史上儒家的三个肉身,到了现代社会,与国家权力重谋蜜月的王官之学已是一条死路,而注重修身的心性之学也只是少数精英的事情,与一般国民无涉。儒家在未来中国最重要的功能,在我看来,应该发展以公共伦理道德为核心的"文教",重建中国人的社会良序。

那么,作为伦理道德秩序之"文教",儒家与其他的宗教以及自由主义是一种什么样的关系呢?

中国与西方不同,是一个多神教国家,儒道佛三教合一,其中道与佛是宗教,而儒家是"文教",各有各的功能和底盘。秋风认为中国是"一个文教,多种宗教",一语道出了儒家与其他宗教的关系真相。儒家因为只是一种致力于公共秩序的"文教",因而它对注重个人心灵秩序的其他宗教,在态度上是开放的、包容的。虽然儒家自宋明理学之后,化佛为儒,有自己的心性之学、修身之道,自有安身立命所在,但毕竟过于理性化,陈义过高,只是读书人的宗教,一般民众消化不起。即使在读书人中间,作为心性之学的儒学也有其有限性,因为其只谈现世,不论来世,人文有余,神性不足,故对一些特别重视生死轮回、有神性追求的儒生来说,在儒之外,还会谈佛信道,或皈依耶稣。

反过来说,生活在儒家世界的佛教徒、道教徒、基督徒和回教徒,他们也会尊奉世俗的儒家伦理,孝敬父母、祭祀祖宗,入乡随俗,从而出现儒家化的基督徒、儒家化的佛教徒、儒家化的回教徒、儒家化的道士等等。作为"文教"的儒学身段柔软,润物无声,镶嵌到各种外来和本土的宗教传统之中,一方面将外来宗教本土化、儒家化,另一方面也从其他宗教传统之中获得新的养分,进一步固化自己超越于一切宗教之上的"文教"地位。

儒家的这种超越于所有宗教之上的性格,颇有点像现代社会的自由主义。那么,作为"文教"的儒学与同样追求公共良善秩序的自由主义是否冲突矛盾? 儒学与自由主义虽然都是世俗化的学说,但同样各有各的侧重和底盘。自由主义虽然也有自己的伦理价值,但骨子里是一套政治哲学,追求的是符合自身伦理价值的政治哲学,而作为"文教"的儒家,虽然有自己的政治理念,但本质上是一套伦理哲学,追求的是日常生活的礼治秩序。真正与自由主义政治哲学有全面冲突的,不是作为"文教"的儒学,而是作为王官之学的政治儒教,当然这一冲突也并非绝对,正如我前面所说,政治儒学中的若干智慧同样可以弥补自由主义政治之不足。

作为"文教"的儒学与自由主义,不应对抗,否则亲痛仇快,便宜了它们共同的敌人法家。两家最好的相处之道,乃是周末夫妻,有分有合,互补短长。按照哈贝马斯的理论,现代社会分为系统世界和生活世界。系统世界是一个以市场和权力为轴心的世界,自由主义理当为系统世界的主人,以权利与契约规范市场,以法治和民主制约权力。而系统世界之外,还有一个非功利的、人与人情感交往的生活世界,这个世界对于许多国家来说,皆由各自的宗教所主导,而对中国来说,儒家显然应该成为生活世界的主人。

哈贝马斯特别强调,系统世界与生活世界各有各的价值轴心,只要不越界筑路,都是合理的。问题出在当今社会之中,系统世界对生活世界的殖民化,将市场与权力的原则扩大运用到生活世界,以至于人与人之间的自然交往充满了去人格、去情感、去伦理的功利气味,不是等级性的权力宰制,就是市场交易的金钱挂帅。在中国,还有相反的情形,即生活世界对系统世界的反向殖民化。儒家作为生活世界的伦理原则,侵入到市场空间和政治领域之中,在平等的契约空间中拉关系,在严肃的法治秩序中讲人情,这是儒家不守本分的僭越,其危害性一点也不亚于系统世界对生活世界的殖民化。

在 21 世纪的今天,系统世界越来越全球化、普世化,那是文明的天下;而生活世界不同,它是文化的空间,不同的国家、不同的民族、不同的族群理应有自己独特的文化和生活世界。文明是普世的,文化是特殊的。儒家之所以对于中国很重要,乃是中国人不仅生活在由普世文明所主导的系统世界,而且还有一个活生生的、有自身历史传统和文化个性的生活世界。"历史的终结"对于系统世界来说没什么可怕,可怕的是将生活世界也一并终结了,形成科耶夫所担心的"普遍同质化的"世界。在这个意义上说,中国需要儒家,需要一个有谨守生活世界本分的"文教"儒家。

　　未来的中国文化秩序,应该是三个层面的,第一个层面是政治文化层面,涉及何为公共政治秩序中的正当,何为公共的政治之善,政治自由主义将扮演核心的角色,而儒家传统和社会主义传统也将贡献各自的智慧。第二个层面是公共伦理层面,涉及何为公共的伦理之善,何为人与人之间的交往之道,这将是作为"文教"的儒家的地盘,而伦理自由主义与各种宗教传统也将补充其间。第三个层面是个人的心灵层面,涉及何为德性、何为现世生活的意义、如何超越生死、获得救赎或得救,这将是包括儒道佛耶回在内各种宗教的多元空间,中国特有的多神教传统将让国人有自己的选择空间,甚至兼容并包,多教合一。

　　儒家孤魂,肉身何在? 王官之学,已证明是一条死路,心性之学,只是精英宗教而已。儒家在未来中国最广阔的愿景,乃是造就公共伦理秩序的"文教"。这个"文教",希望不在于国家权力之推广,而是与公民社会结合,在民间自然、自发地生长。自孔夫子起,儒家起源于乡野,发展于民间,中间虽然一度入室庙堂、成为官学,但最终随王权的解体而衰败,成为游荡了一个世纪的孤魂。儒家要想重新拾起蓬勃的生命,唯一的出路还是回到原点,回到民间。

　　摘自《南方周末》,2014年9月4日。

10.徐友渔①：
《"国学热"的浅层与深层问题》(节选)

　　许多倡言"复兴国学"的人宣扬一种高调的主张,认为中国传统文化是匡时救民、打造主流核心价值、解救时代危机的思想资源和精神武器。我们可以把低调、平实的主张称为"文化儒学""知识儒学"或"日常人伦儒学",而将高调主张叫做"政治儒学"或"意识形态儒学"。我认为,第二种主张既不正确,也不现实,它误解了传统文化在当下的功能与意义,对于复兴传统文化不是有利而是有害的。

　　有人把复兴国学与中华崛起紧密联系在一起,认为国学有助于提升国家的核心竞争力和软实力,提升中国的国际影响和国际地位。这种说法不是毫无道理,一个不尊重自己的传统文化的国家或个人,是不配得到别人尊敬的。但这个主张也是有相当条件和限度的,历史的经验不能忘记,我们现在不论多么抬举国学,它的地位也绝对高不过它在晚清时的地位,而那时中国的实力和国际地位如何呢? 那时的国势衰颓,难道和精英们普遍的"中华文化优越论"心态没有关系么?

　　有人把重振国学与促进"马克思主义的中国化"和形成"中国化的马克思主义"相联系,从抽象的层面上说,这样的可能性确实存在,但现实的经验告诉我们,这条路非常难。许多在"国学热"中活跃非凡的人大概不知道,现在

──────────

　　①　徐友渔(1947—　　),四川成都人。中国社科院哲学所研究员。著有《"哥白尼式"的革命》《精神生成语言》《告别 20 世纪》《人文立场》等。

的"国学热"其实只是第二波,第一波始于 1993 年。这年 8 月 16 日,《人民日报》用整整一版发表报道"国学,在燕园悄然兴起",提出"国学的再次兴起……将成为我国文化主旋律的重要基础";两天以后又在头版登出"久违了,'国学'!"但这种迅猛势头很快遭到迎头痛击,某杂志发表文章《国粹?复古?文化——评一种值得注意的思想倾向》,其中说:"来自西方的秋波,使穷于经济和政治落后的国粹论者找到了精神自慰的方法所在","而马克思主义作为外来文化可以置之一边","不排除有人企图以'国学'这一可疑的概念,来达到摒社会主义新文化于中国文化之外的目的。"于是,复兴国学的运动戛然而止。

"政治儒学"或"意识形态儒学"还有另一种表现形式,有人主张中国应恢复儒家正统,甚至使儒教成为中国的国教。他们否认"人民授权"的现代政治原理,把"天道"、血统、贤人作为国家权力的来源。这种主张的不现实和荒谬一目了然,足以显示传统政治文化中的不良思想如果不抛弃则谈不上继承。

对传统文化和国学还有一种商业化的利用,就是认为可以把它用作经销策略,企业管理的理念,赚钱的招数。为企业家开办的"国学班",就多半是在推销这种"文化赚钱术"。这种低俗的做法,既损害了国学的声誉,又误导了学员。谁都知道,儒学是与商业、经营、牟利格格不入的,儒家教导的是"正其谊不谋其利,明其道不计其功","君子喻于义,小人喻于利","君子谋道不谋食,君子忧道不忧贫"。诚然,我们可以在儒学中找到一些诸如"诚信"这样的关于个人为人和处理人际关系的教导,他们对包括企业家和商人在内的任何人都是有教益的,但一般的为人处世教导和具有中国传统特色的"经营宝典""赚钱秘诀"却是风马牛不相及的。

与那种大而无当、凌空蹈虚的倾向相反,也有很多人在复兴国学的活动中踏踏实实、埋头苦干,其中我最为欣赏和钦佩的,是一批年轻学生在"一耽学堂"名号下从事的传播传统文化的工作。他们决心改变"读经热""国学热"中只有"热"而没有"读"和"学"的状况,以义工的方式组织义塾、晨读点等等,在中小学、社区传播传统文化知识,他们自己也坚持晨读,提高自身的传统文化修养。他们不求名不求利,百折不挠、锲而不舍的精神,他们不事张扬、平实低调的作风,他们面向民间、面向未来的考虑,真正体现了中国传统文化中优秀的一面,他们的身体力行表明他们是中国优秀传统文化遗产的继承人。

摘自《博览群书》,2009年第11期。

11.朱维铮①:
《传统文化与文化传统》(节选)

　　与传统文化相区别,文化传统更多属于现状的研究范畴,因而文化学关注它,文化人类学、文化社会学、文化地理学、文化心理学等同样关注它。

　　难道文化传统不是历史遗存么? 正是,但它还是更多属于现状。

　　"统"的本义,是缫丝时从众多蚕茧抽出的头绪所打的结,抓住它便可顺利缫出一束丝。衍化开去,凡含义相似的概念都可称为统。所以,形容万有总束于一个根本,称一统;形容君主嫡系或总规律总宪章世代相承不绝,称王统、道统、法统;形容某一君主世系是"天命"的唯一寄托,便是正统,反之是闰统、伪统。所谓传统,在中国的古典含义就是历代相传,至今不绝的某种根本性东西。

　　这种根本性东西,有的社会学家称之为社会所累积的经验,它的作用在于维持社会所公认的合宜的行为规范。我以为这样解释传统的含义,或许比"文化心理积淀"说更合实际。任何时代任何社会都有公认的合宜的行为规范。但合宜不合宜,固然呈现为心理状态,却只是经验在观念上的凝聚。薙发留辫,从鲜卑族到满族,是世代相传的经验,被认为是合宜的,但在束发戴冠的汉族人看来则是不合宜的。清初两族竟为此发生流血冲突。然而,一旦薙发

---

　　①　朱维铮(1936—2012),江苏无锡人。复旦大学历史系教授,著名历史学家。著有《走出中世纪》《求索真文明——晚清学术史论》《音调未定的传统》《中国经学史十讲》等。

留辫,成为满汉各族共同经验,到清末革命党人要强迫剪辫子,便成为汉族人的莫大问题。这就难以用"心理积淀"加以解释。因此,历代相传的文化,大致可分为死文化和活文化。随着社会所公认的合宜的行为规范,有的仍旧,有的变形,有的更新,维持它的那些社会所累积的经验,在内容和形式上都不相同。于是,在历史上存在过,兴旺过,但在现代社会文化生活中已消逝了的传统,自然失却存在的依据。体现这种传统的文化形态,无疑都属于死文化,例如著名的玛雅文化、金字塔文化,以及我国古代的东夷文化、铜鼓文化等。它们是考古学家、人类史家、文化史家感兴趣的对象。相反,先辈曾经认定是合宜的行为规范,以后继续被认为合宜的,被认为往古社会所累积的最佳经验,体现这种传统的文化形态,属于历史的遗存,却在现代社会文化生活中依然存在,尽管已经变了位并且变了形,那就是活文化。

后者就是人们习称的文化传统。它属于现状,例证俯拾即是。人所共愤的家长制、独断专行和官僚主义的领导方式,不是起码由明清以来就成难以撼动的积习么?祸国殃民的闭关自守政策,不是依赖起码在清朝雍正、乾隆二世所定型的畸形文化心态,集中他们祖辈"用夷变夏"而又自以为确立"夷夏之防"新经验的那种文化心态,例如夜郎自大、盲目排外、阿Q式精神胜利法等,才在"文革"时期达到顶峰的么?还在制造家庭悲剧的什么"孝道",还在有意无意压抑女性的什么"妇道",不是起码有七百年统治史的程朱理学阴魂不散的伦理传统的体现么?

摘自《复旦学报》(社会科学版),1987年第1期。

12. 袁伟时[①]:
《中国传统文化的冷思考》(节选)

今天要讲的第二个问题,中国文化究竟有哪些不足和缺失?

第一个就是政治体制领域,儒学带来一系列问题。

如果你要了解一个国家的状况,最好的办法之一是看它的法典。当时的社会关系、文化状况、国家管理状况都体现在那里了。1810年,中国的法典(《大清律例》)第一次翻译成英文出版,英国的一份报纸《爱丁堡评论》说,中国人在很多方面的知识都是不足的,我们发展很快的东西,他们都不知道。

中国的法典有什么特点呢?民法内容很少,基本内容是刑法,甚至连民事纠纷也作为刑事案件来处理。这里面体现儒家政治的三个基本特征:

第一,伦理与政治的统一。中国传统文化的骨干是儒学,而儒学讲伦理和政治的最多。从西汉开始,就强调以孝治天下,把家族伦理拓展到整个国家的治理,后来发展为一个完整的公式:"修身齐家治国平天下。"这一套体现中国社会的一个基本特点:宗法专制,伦理与政治统一,这与当时的社会状况完全是符合的。因为那个时候的社会是自然经济,经济状态比较稳定。

第二个特征是专制制度下严格的等级关系。用孔子的话说:"君君,臣臣,父父,子子。"现在有一些学者认为它是很好的,好在哪里呢?皇帝按照皇帝规范行事,君、臣、父、子都有一套严格的规范;这是从好的方面来说的。但它的

---

① 袁伟时(1931—),广东兴宁人。中山大学哲学系教授。著有《中国现代哲学史稿》《晚清大变局中的思潮与人物》《路标与灵魂的拷问》《中国现代思想散论》等。

另一面是等级森严,不能逾越。而英国在 1215 年就有《大宪章》,国王加税要得到诸侯的同意,要保障各地自由、自治的权利。中国的大小事都是天子或尊长说了算,抗上是极大的罪恶,儒家政治理论把这些合理化了。中国没有国际学术界界定或多数学者公认的封建制度。如果是封建制度,国王、诸侯之间是契约关系;而中国没有这样的关系。

儒家思想的第三个特点是服从。用孔子的话说,君子有三畏:"畏天命,畏大人,畏圣人之言。"假如有争议,由谁定是非呢? 由圣人和皇帝的话来决定,圣人的话是最后的标准。公元一世纪,汉章帝召集儒门的代表人物在白虎观开会,由班固执笔写出一部《白虎通议》,章帝批准后颁行天下。以儒学为指导,为国家政治生活和社会生活中的方方面面制定详细的规矩或规范。突出中国传统文化的核心:三纲六纪(六亲),服从尊长。以后历代的法典,唐、宋、明、清的律例都继承了《白虎通议》,将三纲六纪作为贯穿始终的东西。一般的老百姓犯了罪,按照身份的高低、亲疏关系给你定罪。

中国传统文化的第二个问题是思维方法的缺陷。

中国人的思维方法有问题。杨振宁在 2004 年作报告时讲了一句话:"《易经》对中国的科学发展很不利。"他说,其中一点是不讲演绎论证。《易经》归纳了很多当时的社会现象、自然现象,但没有严谨的演绎和论证。这是杨振宁作为科学家讲的真话。而在他讲这话之前,16 世纪末 17 世纪初,利玛窦在他写的《中国札记》的书里就说中国人不懂逻辑规则。他讲的是真话,中国没有逻辑学。后来我们拼命从《墨子》里面提炼、搜寻,认为里面有逻辑包括辩证逻辑。然而《墨子》里面虽有逻辑思想但没有完整的理论,而且因为它不符合社会的需要,后来连《墨子》也式微了,研究的人很少,四分之一的篇章失传。西方的情况则不同,他们有逻辑学,不但古希腊已经有完整的形式逻辑理论,他们中世纪教育要上一年的辩论课,实质是逻辑课。利玛窦是这样讲的:为什么中国人不重视科学,不重视逻辑呢? 很简单,因为这里面有利益关系,在中国你懂四书五经,不用学数学和逻辑,也不鼓励做实验,就可以考取科举和做官。这样的状况下,科学当然没有办法发展起来的。另外在中国天文是很丰富的，只是和星相结合起来了，哪里地震是天发怒了，是对皇帝的惩罚。各种是非按照圣人的话来判断，也就不必辩论和讲逻辑理论了。在这样的环境下，怎能产生现代科学？

利玛窦来到中国的时候把《几何原本》带过来并翻译了六卷，还有九卷没有译出。一直到平定了太平天国，曾国藩做了两江总督，他接受科学家李善兰的建议，拨款支持把后九卷翻译出版，把以前译出的六卷也校对一遍，出了一个完整的版本。李善兰请曾国藩写个序，曾国藩不懂，就让自己的儿子曾纪泽（曾作过中国驻英公使）代笔。曾国藩知道光懂中国传统文化不行，从小就让儿子学英语，接受现代科学教育。曾纪泽代他爸写的《几何原本》序言说："盖我中国算书以《九章》分目，皆因事立名，各为一法……知其然而不知其所以然……《几何原本》不言法而言理，括一切而概之曰：点、线、面、体。……《九章》之法，各适其用，《几何原本》则彻乎《九章》立法之源，而凡《九章》所未及者无不赅也。"这里说透了中西思维方法的差别。《九章算术》共收有 246 个数学问题，分为九章。分别是：方田、粟米、衰分、少广、商功、均输、盈不足、方程、勾股。它的计算方法有成就，但是没有上升为完整的理论。曾国藩看完儿子写的东西后大为赞赏。当年曾纪泽的评价不一定完全正确的，但他的确说透了中国思维方法的弱点。

此外，几个世纪以来中国人自认为中国的道德是最高尚的，洋人是蛮夷，道德文章是永远比不上中国的。实际情况怎样？现在看来，道德规范也有很大的缺陷。一方面，我们道德规范有一些是跟世界各国一样的，比如我们讲"仁、义、礼、智、信"，大致上从任何一个文化体系里都能找到类似的东西。在西方，仁是"博爱"；义是"正义"，有些道德规范世界各国是一样的，不同的语言系统表达了同样的意思。这是一个方面。但是，进一步考察这些规范的内容，问题就出来了：儒学的核心是仁义。用《中庸》的话来说："仁者，人也，亲亲为大。义者，宜也，尊贤为大。"讲人不是讲人的平等，而是将亲情摆在首位；义的内容拐个弯变为要尊重别人！

我们的道德规范有明显的不足，主要有三个方面：

首先是"重义轻利"。小人与君子的划分就是看你重不重视利,你重视利就成小人了;但是人性本身是追求利的。

其次,我们的道德是以三纲为基本架构的,没有人际之间的平等。

再次,中国道德观念里群体的利益是第一位的。可是,人要现代化,社会要现代化,都必须将个人权利、个人利益放在第一位。个人要变成现代公民,维护现代公民的尊严、现代公民的权利是根本,道德的根本也是政治的根本,政治归根到底是为维护公民个人的权利服务的。

此外,作为蔑视个体权利的重要内容,是经济上没有坚决、彻底地保护私有财产。有一个原则:"普天之下,莫非王土;率土之滨,莫非王臣。"皇帝和官府侵犯民产,屡见不鲜。而自从中国传统文化法典化以来,因为要维护宗法专制,维护三纲,所以就规定一条:祖父母、父母在不准分户口、分财产,不准"别籍",不准"异财"。唐、宋、元、明、清一直都延续这一条规定,谁违反这一条是要受惩罚的。

另外一点是不准你经营新的经济形式,比如中国学外国人要经营轮船。19世纪70年代李鸿章做直隶总督时,广东商人在天津申请办轮船企业,李鸿章不准。19世纪90年代张之洞做湖广总督,湖南的一些商人要在洞庭湖、长江上办小轮船公司,张之洞说不行。一直到戊戌变法前后,张之洞还是不同意。也就是说,办这些新企业,只准公家办,不准私人办,即使私人可以办,也要批准。限制私人财产进入某些经济领域,等于你的财产权不能充分实现,经济自由受到限制,私有财产就大打折扣了。

有这些问题存在,中国不但不能成为第一批原发性转型的国家,在后来转型的国家里也一再跟不上趟。我们的洋务运动和明治维新是同一时期起步的,但是日本成功了,我们却失败了。第二次世界大战日本彻底失败了,但它很快恢复发展,中国还是不行。我们不能盲目鼓吹传统文化,要冷静分析它的成败得失。

摘自《长江》,2007年9月号。

13.李慎之①:《中国文化传统与现代化
——兼论中国的专制主义》(节选)

　　我曾经相信过鲁迅的话,认为中国要现代化"必洞达世界之大势,权衡较量,外之既不后于世界之思潮,内之仍弗失固有之血脉,取今复古,别立新宗"。我也曾服膺过陈寅恪的话,认为中国今后"其真能于思想上自成系统有所创获者,必须一方面吸收输入外来之学说,一方面不忘本民族之地位"。经过近几年的观察与思考,我现在认为,所谓"固有之血脉"或者"本民族之地位"必须分清是传统文化还是文化传统。如果是前者,可继承发扬的当然是极多的;如果是指后者,那么,我认为无论如何不能继承作为顽固的意识形态的专制主义。专制主义是只能否定,谈不上继承的。

　　只要拔除了专制主义这个毒根,中国传统文化中不但不受意识形态污染的广大部分,从文学艺术到科学技术,可以而且应该继承发扬,即使是儒家与法的学说,也都有应该继承的因素。比如儒家的"民本主义"固然不等于民主主义,但它并不难转化出民主主义来。古人的许多嘉言懿行都应当成为中国未来的民主主义的源头。我曾说过:"孔颜孟荀、程朱陆王的思想,只有在中国彻底清除了专制主义之后,才能大放光彩。正像基督教只有在革掉了教会与教皇的专横腐败以后发扬光大一样。"即使是法家,其"王子犯法,与庶民

_____

　　① 李慎之(1923—2003),江苏无锡人。哲学家、社会学家,二十世纪下半叶中国自由主义思想的代表人物。著有《廿一世纪的忧思》《中国的道路》(合著)等。

同罪"的话也可以与"法律面前人人平等"相接轨。不过要注意,说"王子犯法",而不说"皇帝犯法",就表示统治者是高居于法律之上的,因此还不是现代的法治而只是专制主义者的法制要警惕。最近在报上看到有人主张加强德治。我完全赞成这个意见,不过要指出,认真的德治只有在完全的法治的基础上才有可能发挥好作用,否则难免不成为专制主义的帮凶。孔子的一些话,像"三军可夺帅也,匹夫不可夺志也",还有孟子的"虽千万人,吾往矣",简直可以说完全与现代的个人主义相通。同样孟子给大丈夫下的定义,"威武不能屈,贫贱不能移,富贵不能淫",不但在历史上已为许多人所取法,在明天还可以为更多的人取法。更不用说像孔子所说的"己所不欲勿施于人"这样的话,已经被世界公认为"全球伦理"的"金规则"了。这些都是必须放到中国未来的公民教科书里去的内容。

中国要否定专制主义只有两条路:一条是制度的改革,一条是进行启蒙教育。前一条如果机缘凑巧也许可以速成。后一条则必然是一个长期的耐心的过程,要急也是急不得的。

要有一批人长期潜下心来做认真细致的启蒙工作,实际上就是要变中国人现有的"子民心态"为"公民意识"……现在大家都说中国人的素质低,其实所谓素质低,就是缺乏公民意识。要提高人民的素质只有大规模地、长时期地,扎扎实实地、认认真真地进行这几十年社会上、学校里根本不存在、甚至没有听说过的公民教育。

中国为什么要现代化? 现在在多数人心目中,现代化只有物质的标准,只是几十年前乡下人对城里人的观念"楼上楼下,电灯电话"的延长与放大。殊不知中国人所以要现代化根本上是为了要做现代化的人,独立的、自由的、自尊的人。一百多年前,严复在中国在甲午战争中失败后成为第一个看出中国的病根在人的不自由。以后,他又成为第一个把西方关于"自由"的学说介绍进中国的人。但他在翻译穆勒的《论自由》一书的时候,竟因为担心"中文自由常含放诞、恣睢、无忌惮,诸劣义",而费尽心思改译为《群己权界论》。我们应该理解他的心情,继承他的遗志,做好启蒙工作。个人与他人的权利如何划分,如何划定界限,确实是公民教育的一个重要内容,但是还不是全部内容。在几千年的专制制度下培育出来的顺民与刁民还必须分清个人的权利与国家的权力的范围,还有许多其他重要的东西。可以说,凡是应该归入公民教育的内容,几乎没有一条是不重要的。

　　要注意,上面所说的两条道路有可能是矛盾的:一方面说要民主化必须有合格的公民;一方面又说没有合格的公民就不能民主化,两者顶牛。实际的解决办法是:只有先实行制度的民主化,然后再完成子民的公民化。

　　摘自《太平洋学报》,2001年第3期。

参考文献

1.《马克思恩格斯文集》(第一卷),人民出版社,2009 年。

2.《马克思恩格斯文集》(第十卷),人民出版社,2009 年。

3.《列宁全集》(第 2 卷),人民出版社,2013 年。

4.《毛泽东选集》(第二卷),人民出版社,1991 年。

5.《邓小平文选》(第二卷),人民出版社,1994 年。

6.《江泽民文选》(第三卷),人民出版社,2006 年。

7.《胡锦涛文选》(第二卷),人民出版社,2016 年。

8.习近平:《在纪念孔子诞辰 2565 周年国际学术研讨会暨国际儒学联合会第五届会员大会开幕会上的讲话》,《人民日报》,2014 年 9 月 25 日。

9.习近平:《在哲学社会科学工作座谈会上的讲话》,《人民日报》,2016年 5 月 19 日。

10.习近平:《在中国文联十大、中国作协九大开幕式上的讲话》,《人民日报》,2016 年 12 月 1 日。

11.《中共中央关于社会主义精神文明建设指导方针的决议》,《十二大以来重要文献选编》(下卷),中央文献出版社,1988 年。

12.《中共中央关于深化文化体制改革推动社会主义文化大发展大繁荣若干重大问题的决定》,《十七大以来重要文献选编》(下卷),中央文献出版社,2013 年。

13.中共中央办公厅、国务院办公厅印发《关于实施中华优秀传统文化传承发展工程的意见》,《人民日报》,2017 年 1 月 26 日。

14.陈独秀:《敬告青年》,《陈独秀文选》,四川文艺出版社,2009 年。

15.陈独秀:《〈科学与人生观〉序》,《新青年》,1923 年第 2 期。

16.陈独秀:《再论孔教问题》,《陈独秀文选》,四川文艺出版社,2009 年。

17.陈立夫:《文化运动与民族复兴》,《中国文化建设协会会报》,1935 年第 1 卷第 10 期。

18.杜维明:《儒学价值的重塑与未来走向》,《科学导报》,2010 年 1 月 25 日。

19.杜亚泉:《对于未来世界之准备如何》,《中国近代思想家文库:杜亚泉卷》,中国人民大学出版社,2014 年。

20.冯友兰、涂又光:《中国哲学与未来世界哲学》,《哲学研究》,1987 年第 6 期。

21.何炳松:《文化建设方式与路线》,《何炳松文集》(第 2 卷),商务印书馆,1996 年。

22.胡绳:《论近两年来的思想和文化》,《认识月刊》,1937 年第 1 卷第 1 期。

23.胡适:《〈科学与人生观〉序》,《中国近代思想家文库:胡适卷》,中国人民大学出版社,2014 年。

24.胡适:《论国故学》,《胡适文集》(第 2 卷),北京大学出版社,1998 年。

25.季羡林:《东学西渐与"东化"》,《东方论坛·青岛大学学报》,2004 年第 5 期。

26.康有为:《大同书》绪言,《康有为全集》(第七卷),中国人民大学出版社,1998 年。

27.李慎之:《中国文化传统与现代化——兼论中国的专制主义》,《太平洋学报》,2001 年第 3 期。

28.李泽厚:《新儒学的隔世回响》,《天涯》,1997 年第 1 期。

29.梁漱溟:《今天我们应当如何评价孔子》,《梁漱溟全集》(第 7 卷),山东人民出版社,2005 年。

　　30.鲁迅:《十四年的"读经"》,《鲁迅全集》(第 3 卷),人民文学出版社,1973 年。

　　31.鲁迅:《文化偏至论》,《鲁迅全集》(第 1 卷),人民文学出版社,1973 年。

　　32.茅盾:《国粹与扶箕的迷信——纪念许地山先生》,《笔谈》,1941 年第 1 期。

　　33.汤一介:《〈马一浮全集〉序》,《中国文化》,2012 年第 2 期(总第 36 期)。

　　34.唐君毅等:《为中国文化敬告世界人士宣言》,《民主评论》,1958 年元月号。

　　35.陶希圣等:《中国本位的文化建设宣言》,《文化建设》,1935 年第 1 卷第 4 期。

　　36.徐友渔:《"国学热"的浅层与深层问题》,《博览群书》,2009 年第 11 期。

　　37.许纪霖:《儒家孤魂,肉身何在?》,《南方周末》,2014 年 9 月 4 日。

　　38.袁伟时:《中国传统文化的冷思考》,《长江》,2007 年 9 月号。

　　39.张岱年:《论中国文化的基本精神》,《张岱年全集》(第 5 卷),河北人民出版社,2007 年。

　　40.张闻天:《抗战以来中华民族的新文化运动与今后任务》,《张闻天文集》(第 3 卷),中共党史出版社,1994 年。

　　41.张之洞:《劝学篇序》,《中国近代思想家文库:张之洞卷》,中国人民大学出版社,2014 年。

　　42.朱维铮:《传统文化与文化传统》,《复旦学报》(社会科学版),1987 年第 1 期。

版权说明

1. 本系列丛书所有选编内容,均已明确标明文献来源;

2. 由于本系列丛书选编所涉及的版权所有者非常多,我们虽尽力联系,但不能完全联系上并取得授权;

3. 如版权所有者有版权要求,欢迎联系我们,并敬请谅解。

本丛书编委会

(复旦大学马克思主义学院,上海,邮编200433)

2020 年春